RICETTE MEDITERRANEE

50 ricette salutari super facili

Anrea Floris

Tutti i diritti riservati.
Disclaimer

Sommario

4

INTRODUZIONE

Se stai cercando di mangiare cibi che sono migliori per il tuo cuore, inizia con questi nove ingredienti sani della cucina mediterranea.

Gli ingredienti chiave della cucina mediterranea includono olio d'oliva, frutta e verdura fresca, legumi ricchi di proteine, pesce e cereali integrali con moderate quantità di vino e carne rossa. I sapori sono ricchi e i benefici per la salute per le persone che scelgono una dieta mediterranea, una delle più sane al mondo, sono difficili da ignorare: hanno meno probabilità di sviluppare ipertensione, colesterolo alto o diventare obesi. Se stai cercando di mangiare cibi che sono migliori per il tuo cuore, inizia con questi ingredienti sani della cucina mediterranea.

1 patatine fritte di fagioli vegani

ingredienti

- ❖ 400 g di patatine fritte surgelate
- ❖ 2 cucchiai di olio d'oliva
- ❖ 1 cipolla tritata finemente
- ❖ 1 avocado maturo
- ❖ $\frac{1}{2}$ lime, spremuto, più spicchi per servire
- ❖ $\frac{1}{2}$ cipolla rossa piccola tritata finemente
- ❖ 1 pomodoro tritato finemente
- ❖ 1 spicchio d'aglio schiacciato
- ❖ $\frac{1}{2}$ cucchiaio di pasta chipotle
- ❖ $\frac{1}{2}$ cucchiaino di cumino macinato
- ❖ $\frac{1}{2}$ cucchiaino di coriandolo macinato
- ❖ 400g barattolo di fagioli misti, scolati
- ❖ $\frac{1}{2}$ lattina da 400 g di pomodori a pezzetti
- ❖ $\frac{1}{2}$ mazzetto di coriandolo tritato
- ❖ 2 cucchiai di crème fraîche senza latticini
- ❖ 2 cucchiai di cipolle fritte croccanti

PASSI

1. Cuocere le patatine fritte seguendo le istruzioni sulla confezione. Nel frattempo, scaldare l'olio d'oliva in una padella e soffriggere la cipolla per 10 min. Preparare il guacamole schiacciando l'avocado e unendo il succo di lime, la cipolla rossa e il pomodoro a pezzetti.

2. Aggiungere l'aglio, la pasta di chipotle, il cumino macinato e il coriandolo macinato alle cipolle, che dovrebbero essere ammorbidite e traslucide. Friggere per 1 minuto, quindi aggiungere i fagioli misti e i pomodori a pezzetti. Cuocere a fuoco lento per 10 minuti, quindi incorporare la maggior parte del coriandolo e condire. Versare le patatine in una ciotola e guarnire con il peperoncino di fagioli, il guacamole, la crème fraîche e le cipolle fritte croccanti. Cospargere il restante coriandolo e servire con spicchi di lime.

2. Lasagne vegane

ingredienti

- ❖ Sacchetto da 30g di funghi porcini secchi

- ❖ 6 cucchiai di olio d'oliva

- ❖ 1 cipolla, tritata finemente

- ❖ 2 carote, tritate finemente

- ❖ 2 coste di sedano, tritate finemente

- ❖ 4 spicchi d'aglio, affettati

- ❖ qualche rametto di timo

- ❖ 1 cucchiaino di passata di pomodoro

- ❖ 100 ml di vino rosso vegano (opzionale)

- ❖ 250 g di lenticchie verdi essiccate

- ❖ 2 lattine da 400 g di pomodori datterini interi

- ❖ Confezione da 250 g di funghi di castagne, tritati

- ❖ Confezione da 250 g di funghi portobello, a fette

- ❖ 1 cucchiaino di salsa di soia

- ❖ 1 cucchiaino di Marmite

- ❖ 6 cucchiai di farina 00

- ❖ 900 ml di latte di soia

- ❖ 1 noce moscata intera, da grattugiare

- ❖ 12 sfoglie per lasagne

- ❖ 2-3 cucchiai di lievito alimentare (opzionale, aggiunge sapore di formaggio)

- ❖ insalata verde, per servire

PASSI

1. Versare 800 ml di acqua bollente sui porcini essiccati e lasciare agire per 10 minuti fino a quando non si saranno idratati. Nel frattempo versate 1 cucchiaio e mezzo di olio in una grande casseruola. Aggiungere la cipolla, la carota, il sedano e un pizzico di sale. Cuocere delicatamente, mescolando per 10 minuti fino a quando non sarà morbido. Togliete i porcini dal liquido, conservate il brodo di funghi e tritateli grossolanamente. Mettili da parte.

2. Aggiungere l'aglio e il timo nella padella. Cuocere per 1 minuto, poi incorporare la passata di pomodoro e cuocere ancora per un minuto. Bagnate con il vino rosso, se usate, fate cuocere fino a che non si sarà ridotto, quindi aggiungete le lenticchie, il brodo di funghi messo da parte e le scatolette di pomodori. Portate a ebollizione, quindi abbassate la fiamma e lasciate cuocere a fuoco lento con il coperchio.

3. Nel frattempo scaldare una padella larga. Aggiungere 1 cucchiaio e mezzo di olio, quindi versare tutti i funghi nella padella, compresi

quelli reidratati. Friggere fino a quando tutta l'acqua sarà evaporata e i funghi saranno di un bel colore marrone dorato. Versare la salsa di soia. Dare a tutto un buon impasto, quindi raschiare i funghi nella casseruola delle lenticchie.

4. Incorporate la marmite, poi continuate a cuocere il ragù, mescolando di tanto in tanto, a fuoco medio-basso per 30-45 min. Fino a quando le lenticchie saranno cotte e il sugo sarà denso e ridotto, aggiungendo altra acqua se necessario. Rimuovere i rametti di timo e condire a piacere.

5. Riscaldare il forno a 180 ° C / 160 ° C ventola / gas 4. Per preparare la besciamella, scaldare 3 cucchiai di olio d'oliva in una padella, incorporare la farina e cuocere per un paio di minuti per eliminare il sapore della farina cruda, quindi frullare lentamente nel latte di soia. Cuocere fino ad ottenere una salsa cremosa, circa 10 minuti. Condire a piacere, aggiungendo una buona grattugiata di noce moscata.

6. Distribuire un terzo del ragù sul fondo della

pirofila, quindi guarnire con 6 sfoglie per lasagne, seguito da un altro terzo della besciamella vegana, poi un altro terzo del ragù. Completare con le rimanenti sfoglie di lasagne, poi il restante ragù e infine spalmare sul resto della besciamella. Cospargere con il lievito alimentare, se utilizzato, e infornare per 45 minuti-1 ora fino a quando la pasta è cotta.

3.Frollini facili da milionario

ingredienti

Per lo shortbread

- ❖ 250 g di farina 00

- ❖ 75 g di zucchero semolato

- ❖ 175 g di burro, ammorbidito

Per il caramello

- ❖ 100 g di burro o margarina

- ❖ 100 g di zucchero muscovado leggero

- ❖ 397 g di latte condensato

Per la farcitura

- ❖ 200 g di cioccolato fondente o al latte, spezzettato

PASSI

1. Riscaldare il forno a 180 ° C / 160 ° C ventola / gas 4. Ungere leggermente e rivestire una teglia quadrata o rettangolare di 20-22 cm con un bordo di almeno 3 cm.

2. Per fare lo shortbread, mescolare 250 g di farina 00 e 75 g di zucchero semolato in una ciotola. Strofinare in 175 g di burro ammorbidito finché il composto non assomiglia a un pangrattato fine.

3. Impastare il composto fino a formare un impasto, quindi premere nella base della teglia preparata.

4. Bucherellare leggermente lo shortbread con una forchetta e infornare per 20 minuti o fino a quando non è sodo al tatto e leggermente dorato. Lasciar raffreddare nella teglia.

5. Per fare il caramello, mettere 100 g di burro o margarina, 100 g di zucchero muscovado leggero e la lattina di latte condensato in una padella e scaldare delicatamente fino a quando lo zucchero non si sarà sciolto. Mescola continuamente con una spatola per assicurarti

che lo zucchero non si attacchi al fondo della padella. (Questo può lasciare macchie marroni nel caramello ma non influirà sul sapore.)

6. Alzare la fiamma a un livello medio-alto, mescolando sempre e portare a ebollizione, quindi abbassare la fiamma al minimo e mescolare continuamente, per circa 5-10 minuti o finché il composto non si sarà leggermente addensato. Versare sopra lo shortbread e lasciar raffreddare.

7. Per la guarnizione, sciogliere lentamente 200 g di cioccolato fondente o al latte in una ciotola sopra una pentola di acqua calda. Versare sopra il caramello freddo e lasciar riposare. Tagliare a quadretti o barrette con un coltello caldo.

4. Saag aloo

ingredienti

- ❖ 2 cucchiai di olio di girasole

- ❖ 1 cipolla, tritata finemente

- ❖ 2 spicchi d'aglio, affettati

- ❖ 1 cucchiaio di zenzero tritato

- ❖ 500 g di patate, tagliate a pezzi di 2 cm

- ❖ 1 peperoncino rosso grande, tagliato a metà, privato dei semi e affettato finemente

- ❖ $\frac{1}{2}$ cucchiaino ciascuno semi di senape nera, semi di cumino, curcuma

- ❖ 250 g di foglie di spinaci

PASSI

1. Scaldare 2 cucchiai di olio di semi di girasole in una padella grande, aggiungere 1 cipolla tritata finemente, 2 spicchi d'aglio affettati e 1 cucchiaio di zenzero tritato e soffriggere per circa 3 minuti.

2. Incorporare 500 g di patate, tagliate a pezzi

di 2 cm, 1 peperoncino rosso tagliato a metà, privato dei semi e affettato finemente, $\frac{1}{2}$ cucchiaino di semi di senape nera, $\frac{1}{2}$ cucchiaino di semi di cumino, $\frac{1}{2}$ cucchiaino di curcuma e $\frac{1}{2}$ cucchiaino di sale e continuare la cottura mescolando per altri 5 minuti.

3. Aggiungere una spruzzata d'acqua, coprire e cuocere per 8-10 minuti.

4. Controllate che le patate siano pronte infilzandole con la punta di un coltello e, se lo sono, aggiungete 250 gr di foglie di spinaci e fatele appassire nella padella. Togliete dal fuoco e servite.

5) cavolfiore e fagioli rossi in stile kung pao

ingredienti

- ❖ ½ cucchiaio di pepe in grani di Sichuan

- ❖ 3 cucchiai di olio vegetale o olio di arachidi

- ❖ 1 cavolfiore piccolo (400g-500g di peso preparato), spezzettato in grandi fiori e gambo tagliato in pezzi di 2 cm.

- ❖ 1 cucchiaio di farina di mais

- ❖ 3 spicchi d'aglio, tritati finemente

- ❖ zenzero grande quanto un pollice, tritato finemente

- ❖ 1 cucchiaio di peperoncino in scaglie (oa piacere)

- ❖ 1 mazzetto di cipollotti, affettati finemente in diagonale

- ❖ 2 cucchiai di sciroppo d'acero

- ❖ 5 cucchiai di salsa di soia leggera

- ❖ 1 ½ cucchiaio di aceto di riso o aceto balsamico

- ❖ 400 g di fagioli borlotti, scolati e sciacquati

- ❖ mazzetto di coriandolo, tritato

grossolanamente (facoltativo)

❖ grossa manciata di arachidi salate, tritate grossolanamente

PASSI

1. Mettere i grani di pepe in una padella asciutta e tostare a fuoco medio per 3 minuti, mescolando spesso. Punta su un piatto.

2. Mettere 2 cucchiai di olio nella padella, aggiungere il cavolfiore e cuocere a fuoco vivace per 5 min. Fino a colorare. Nel frattempo, sbattete i grani di pepe in un piccolo robot da cucina o macinate con pestello e mortaio e mescolateli con la farina di mais.

3. Versare il restante 1 cucchiaio di olio nella padella e aggiungere un terzo della miscela di farina di mais per ricoprire il cavolfiore. Cuocere per 1 minuto, quindi aggiungere l'aglio, lo zenzero, il peperoncino, tre quarti dei cipollotti e 400 ml di acqua.

4. Coprire con un coperchio o una teglia e far bollire per un paio di minuti. Durante la cottura, aggiungi lo sciroppo d'acero, la salsa di soia e l'aceto, più 6 cucchiai di acqua, al restante mix di farina di mais in una ciotola separata. Mescolare fino a che liscio e mettere da parte.

5. Aggiungere il mix di farina di mais d'acero al cavolfiore, mescolando. Portare a ebollizione, quindi abbassare la fiamma, unire i fagioli, coprire e cuocere a fuoco lento finché la salsa non si sarà addensata e il cavolfiore sarà tenero.

6. Versare su un piatto, spargere sopra il coriandolo, se utilizzato, quindi guarnire con i rimanenti cipollotti e le arachidi.

6.Katsu curry

ingredienti

- ❖ 4 cucchiai di olio di colza o olio vegetale

- ❖ 2 buste da 200 g di riso cotto (abbiamo usato basmati marroni)

- ❖ $\frac{1}{2}$ cetriolo grande, sbucciato a fiocchetti

- ❖ una manciata di foglie di menta o foglie di coriandolo, o entrambe

- ❖ spicchi di lime, per servire

Per la salsa al curry

- ❖ 1 cucchiaio di olio di colza o olio vegetale

- ❖ 2 cipolle, tritate

- ❖ 2 carote grandi, tritate, più 1 sbucciata a fiocchi

- ❖ 2 spicchi d'aglio, schiacciati

- ❖ zenzero grande quanto un pollice, sbucciato e grattugiato o tritato finemente

- ❖ 1 cucchiaio di curry in polvere, dolce o medio a seconda della tolleranza alle spezie

- ❖ $\frac{1}{2}$ cucchiaino di curcuma macinata

❖ 400 ml di latte di cocco

❖ 2 cucchiaini di sciroppo d'acero (o usare il miele se non si cucina per i vegani)

Per il katsu

❖ 1 cucchiaio di farina di mais

❖ 8 mini filetti di pollo, o un tofu compatto da 280-300 g, o metà e metà

❖ 200 g di pangrattato (senza glutine se necessario)

PASSI

1. Per prima cosa, prepara la salsa al curry. Scaldare 1 cucchiaio di olio in una padella, cuocere le cipolle e le carote tritate fino a quando le cipolle sono morbide e iniziano a caramellare, circa 8 min. Aggiungere l'aglio e lo zenzero e far sfrigolare per altri 30 secondi, quindi incorporare il curry in polvere e la curcuma. Una volta che le spezie sono state riscaldate, aggiungi il latte di cocco, lo sciroppo d'acero o il miele e 100 ml di acqua. Condire bene, coprire e cuocere a fuoco lento per 20 min.

2. Ora prepara il katsu. In una ciotola larga, mescolare la farina di mais con 4 cucchiai di acqua e un po 'di condimento. Immergi il pollo o il tofu nella miscela di farina (se cucini sia per vegani che per mangiatori di carne, assicurati di immergere prima il tofu per evitare di mescolarlo con la carne). Mettere il pangrattato in un'altra ciotola e immergervi il pollo o il tofu, girando fino a quando non sarà ben ricoperto.

3. Quando le cipolle e le carote nella salsa al

curry sono morbide, frullare usando un frullatore a mano o da tavolo. Se la salsa è troppo densa, aggiungi ancora un po 'd'acqua, controlla il condimento, aggiungendo altro sale, sciroppo d'acero o un po' di succo di lime, se ti piace. Tenere caldo.

4. Riscaldare l'olio in una padella e cuocere il pollo o il tofu per 4-5 minuti su ciascun lato finché non sono dorati e ben cotti. Riscaldare il riso e dividerlo nelle ciotole. Completare con la salsa al curry, il pollo katsu o il tofu e servire con il cetriolo, i nastri di carote, le erbe e gli spicchi di lime.

7 cupcakes alla banana vegana

ingredienti

- ❖ 2 banane grandi (circa 225 g), annerite e sbucciate

- ❖ 50 ml di olio vegetale o di girasole

- ❖ 65 g di zucchero di canna chiaro

- ❖ 150 g di farina 00

- ❖ 2 cucchiaini di lievito in polvere

- ❖ 2 cucchiaini di cannella

- ❖ 50 g di frutta secca e miscela di semi

- ❖ 2 cucchiai di avena

- ❖ 2 cucchiai di semi misti

PASSI

1. Riscaldare il forno a 180 ° C / 160 ° C ventola / gas 4. Schiacciare le banane in una ciotola media con una forchetta, quindi unire l'olio e lo zucchero fino a quando non saranno ben amalgamati.

2. Aggiungere la farina, il lievito, la cannella e la frutta secca e il mix di semi. Mescolare fino a ottenere un composto omogeneo.

3. Foderare una teglia per cupcake con 10-12 pirottini (la quantità necessaria dipenderà da quanto sono grandi le banane) e riempirli $\frac{3}{4}$ di composto. Cospargere con l'avena e i semi misti.

4. Infornare per 25 minuti o fino a quando uno spiedino inserito al centro di un muffin risulta pulito. Lasciar raffreddare su una gratella.

8.Cookie base classic s'mores

ingredienti

- ❖ 16 biscotti con gocce di cioccolato

- ❖ 8 marshmallow (marca vegetariana, se richiesta)

- ❖ 8 cucchiaini da spalmare di cioccolato e nocciole (noi abbiamo usato la Nutella)

PASSI

1. Preriscaldare la griglia ad alta temperatura e rivestire una teglia con carta da forno. Metti 8 biscotti sulla teglia e aggiungi un marshmallow. Griglia finché il marshmallow non inizia a dorarsi e si scioglie.

2. Metti un cucchiaino di cioccolato e nocciole spalmati sugli altri 8 biscotti e fai un sandwich sopra lo strato di marshmallow fuso.

9. Pizza Margherita vegana

ingredienti

Per l'impasto della pizza

❖ 500 g di farina di pane bianco forte, più una quantità per spolverare

❖ 1 cucchiaino di lievito secco

❖ 1 cucchiaino di zucchero semolato

❖ 1 ½ cucchiaio di olio d'oliva, più una quantità extra

Per la salsa di pomodoro

❖ Passata da 100ml

❖ 1 cucchiaio di basilico fresco, tritato (o 1/2 cucchiaino di origano essiccato)

❖ 1 spicchio d'aglio, schiacciato

Per la farcitura

❖ 200 g di mozzarella vegana grattugiata

❖ 2 pomodori, tagliati a fettine sottili

❖ Basilico fresco o foglie di origano, olio al peperoncino e parmigiano vegano per servire (facoltativo)

PASSI

1. Mettete la farina, il lievito e lo zucchero in una ciotola capiente. Misura 150 ml di acqua fredda e 150 ml di acqua bollente in una caraffa e mescolali insieme: questo significa che l'acqua è una buona temperatura per il lievito. Aggiungere l'olio e 1 cucchiaino di sale all'acqua tiepida, quindi versarlo sulla farina. Mescolate bene con un cucchiaio poi iniziate a impastare il composto insieme nella ciotola fino a formare un impasto morbido e leggermente appiccicoso. Se è troppo asciutto aggiungi una spruzzata di acqua fredda.

2. Spolverate un po 'di farina sul piano di lavoro e lavorate l'impasto per 10 min. Rimettetela nel boccale e copritela con della pellicola trasparente unta con qualche goccia di olio d'oliva. Lasciar lievitare in un luogo caldo per 1 ora o fino a quando non sarà raddoppiato.

3. Riscaldare il forno a 220 ° C / 200 ° C / gas 9 e mettere una teglia o una pietra per pizza sul ripiano superiore per riscaldare. Una volta che l'impasto è lievitato, sbattetelo indietro colpendolo un paio di volte con il pugno e poi

impastandolo di nuovo su una superficie infarinata. Dovrebbe essere elastico e molto meno appiccicoso. Metti da parte mentre prepari la salsa.

4. Mettete insieme tutti gli ingredienti per la salsa di pomodoro in una ciotola, condite con sale, pepe e un pizzico di zucchero se vi piace e mescolate bene. Mettere da parte finché non sarà necessario.

5. Dividi l'impasto in 2 o 4 pezzi (a seconda che tu voglia fare pizze grandi o piccole), forma delle palline e appiattisci ogni pezzo il più sottile possibile con un mattarello o con le mani. Assicurati che l'impasto sia ben spolverato di farina per evitare che si attacchi. Spolverare un'altra teglia con la farina, quindi mettere sopra una base di pizza - spalmare sopra 4-5 cucchiai di salsa di pomodoro e aggiungere alcuni pomodori a fette e il formaggio vegano grattugiato. Condire con un po 'di olio d'oliva e cuocere in forno sopra la teglia preriscaldata per 10-12 minuti o fino a quando la base non si è gonfiata e il formaggio vegano si è sciolto e bolle e diventa dorato a tocchetti.

6. Ripeti con il resto dell'impasto e la copertura. Servire le pizze con foglie di basilico fresco o olio al peperoncino se ti piace e cospargere di parmigiano vegano subito dopo la cottura.

10 moussaka vegan

ingredienti

- ❖ Sacchetto da 30g di funghi porcini secchi

- ❖ 8 cucchiai di olio d'oliva

- ❖ 1 cipolla, tritata finemente

- ❖ 2 carote, tritate finemente

- ❖ 2 coste di sedano, tritate finemente

- ❖ 4 spicchi d'aglio, affettati

- ❖ poche sorgenti di timo

- ❖ 1 cucchiaino di passata di pomodoro

- ❖ 100 ml di vino rosso vegano (opzionale)

- ❖ 250 g di lenticchie verdi essiccate

- ❖ 2 lattine da 400 g di pomodori datterini interi

- ❖ Confezione da 250 g di funghi di castagne, tritati

- ❖ Confezione da 250 g di funghi portobello, a fette

- ❖ 1 cucchiaino di salsa di soia

- ❖ 1 cucchiaino di Marmite

❖ 1 kg di patate farinose (tipo Maris Piper), sbucciate e tritate

❖ 1 ½ cucchiaino di origano essiccato

❖ 3 melanzane, affettate nel senso della lunghezza

❖ 150 ml di latte di soia

PASSI

1. Versare 800 ml di acqua bollente sui porcini essiccati e lasciare agire per 10 minuti fino a quando non si saranno idratati. Nel frattempo, versare 1 cucchiaio e mezzo di olio in una grande casseruola. Aggiungere la cipolla, la carota, il sedano e un pizzico di sale. Cuocere delicatamente, mescolando per 10 minuti fino a quando non si ammorbidisce. Togliete i porcini dal liquido, conservate il brodo di funghi e tritateli grossolanamente. Mettili da parte.

2. Aggiungere l'aglio e il timo nella padella. Cuocere per 1 minuto, poi incorporare la passata di pomodoro e cuocere ancora per un minuto. Bagnate con il vino rosso, se usate, fate cuocere fino a che non si sarà ridotto, quindi aggiungete le lenticchie, il brodo di funghi messo da parte ei pomodori. Portate a ebollizione, quindi abbassate la fiamma e lasciate cuocere a fuoco lento con il coperchio.

3. Nel frattempo scaldare una padella larga. Aggiungere 1 cucchiaio e mezzo di olio e versare tutti i funghi nella padella, compresi

quelli reidratati. Friggere fino a quando tutta l'acqua sarà evaporata e i funghi saranno di un bel colore marrone dorato. Versare la salsa di soia. Dare a tutto un buon impasto, quindi raschiare i funghi nella casseruola delle lenticchie.

4. Incorporate la Marmite, poi continuate a cuocere il ragù, mescolando di tanto in tanto, a fuoco medio-basso per 30-45 minuti fino a quando le lenticchie sono cotte e la salsa è densa e ridotta, aggiungendo altra acqua se necessario. Rimuovere i rametti di timo e condire a piacere.

5. Scaldare il forno a 180 ° C / 160 ° C ventola / gas 4. Mettere le patate in una pentola di acqua fredda salata. Portare a ebollizione, quindi cuocere fino a quando non è possibile schiacciare.

6. Nel frattempo, mescolare i restanti 5 cucchiai di olio con l'origano, quindi spennellare le fette di melanzane con la maggior parte e cospargere di sale marino. Griglia per 3 minuti su ciascun lato fino a quando non si ammorbidisce.

7. Scolare e schiacciare le patate con il latte di soia. Condire a piacere.

8. Versare il ragù in una pirofila grande (o due pirofile più piccole), adagiare $\frac{1}{2}$ melanzana, seguita dal purè. Spennellare il rimanente olio di origano sulla purea, quindi finire guarnendo con le rimanenti fette di melanzane. Cuocere in forno per 25-35 minuti fino a quando saranno dorati e spumeggianti.

11. Brownies vegani

ingredienti

- ❖ 2 cucchiai di semi di lino macinati

- ❖ 200 g di cioccolato fondente, tritato grossolanamente

- ❖ $\frac{1}{2}$ cucchiaino di caffè in granuli

- ❖ 80 g di margarina vegana, più una quantità per ungere

- ❖ 125 g di farina autolievitante

- ❖ 70 g di mandorle tritate

- ❖ 50 g di cacao in polvere

- ❖ $\frac{1}{4}$ di cucchiaino di lievito in polvere

- ❖ 250 g di zucchero semolato dorato

- ❖ 1 $\frac{1}{2}$ cucchiaino di estratto di vaniglia

PASSI

1. Riscaldare il forno a 170 ° C / 150 ° C ventola / gas 3$\frac{1}{2}$. Ungete e foderate una teglia quadrata da 20 cm con carta da forno. Unire i

semi di lino con 6 cucchiai di acqua e mettere da parte per almeno 5 minuti.

2. In una casseruola sciogliere a fuoco lento 120 g di cioccolato, il caffè e la margarina con 60 ml di acqua. Lasciar raffreddare leggermente.

3. Mettere la farina, le mandorle, il cacao, il lievito e $\frac{1}{4}$ di cucchiaino di sale in una ciotola e mescolare per eliminare eventuali grumi. Usando una frusta a mano, mescola lo zucchero alla miscela di cioccolato sciolto e sbatti bene fino a ottenere un composto liscio e lucido, assicurandoti che tutto lo zucchero sia ben sciolto. Incorporare la miscela di semi di lino, l'estratto di vaniglia e il cioccolato rimanente, quindi la miscela di farina. Versare nella teglia preparata.

4. Infornare per 35-45 minuti fino a quando uno spiedino inserito al centro non esce pulito con briciole umide. Lasciar raffreddare completamente nella teglia, quindi tagliare a quadratini. Conservare in un contenitore ermetico e consumare entro tre giorni.

12.Fornitura di patate, pesto e salsiccia

ingredienti

- ❖ 1 cipolla rossa, tagliata a spicchi

- ❖ 4 patate novelle, tagliate a fettine sottili

- ❖ 6 carciofi in scatola o in vaso, tagliati a metà

- ❖ 100 g di pomodorini

- ❖ 4 cipollotti, tagliati a metà nel senso della lunghezza

- ❖ 2 salsicce di maiale, tagliate a pezzi

- ❖ 1 cucchiaino di semi di finocchio

- ❖ 1 limone piccolo, tagliato a spicchi

- ❖ $\frac{1}{2}$ cucchiaio di olio d'oliva

- ❖ 400 g di flageolet o fagioli di burro, scolati e sciacquati

- ❖ 150 ml di brodo vegetale a basso contenuto di sale

- ❖ 2 cucchiai di pesto fresco

- ❖ pane croccante, per servire (facoltativo)

PASSI

1. Riscaldare il forno a 200 ° C / 180 ° C ventola / gas 4. Mescolare la cipolla rossa, le patate, i carciofi, i pomodori, i cipollotti, le salsicce, i semi di finocchio e gli spicchi di limone insieme in una teglia o in una pirofila da 20 x 20 cm. Condisci con un filo d'olio e condisci a piacere (non avrai bisogno di molto sale, perché le salsicce possono essere abbastanza salate).

2. Cuocere per 20 minuti, quindi aggiungere i fagioli e il brodo. Cuocere per altri 35 minuti, quindi sfornare, far roteare il pesto e servire con crosta di pane, se lo si desidera.

13.Facile torta di cornflake

ingredienti

- ❖ 320 g di pasta frolla già arrotolata

- ❖ farina 00, per spolverare

- ❖ 50 g di burro

- ❖ 125 g di sciroppo dorato

- ❖ 25 g di zucchero di canna chiaro

- ❖ 100 g di cornflakes

- ❖ 125 g di marmellata di fragole o lamponi

- ❖ crema pasticcera, per servire

PASSI

1. Riscaldare il forno a 180 ° C / 160 ° C ventola / gas 4. Srotolare la pasta frolla e stenderla brevemente su una superficie di lavoro leggermente infarinata fino a quando non è abbastanza grande da contenere una tortiera a fondo libero da 23 cm. Usa il mattarello per sollevare la pasta sullo stampo, quindi premi negli angoli e sui lati in modo che la pasta in

eccesso penda sul bordo. Taglialo via, lasciando solo una piccola quantità di eccesso in sospeso sul bordo.

2. Foderare la pasta sfoglia con carta da forno e farcire con fagioli o riso crudo. Cuocere per 15 minuti. Rimuovere la pergamena e i fagioli, quindi infornare per altri 5-10 minuti fino a quando non saranno appena dorati. Sfornare e tagliare la pasta in eccesso dai bordi con un coltello seghettato.

3. Riscaldare il burro, lo sciroppo e lo zucchero in una piccola padella con un pizzico di sale, mescolando spesso, fino a quando non si saranno sciolti e omogenei. Incorpora i cornflakes per ricoprirli con la miscela di burro.

4. Versare la marmellata nella base di pasta cotta, quindi livellare la superficie. Versare la miscela di cornflake sulla marmellata e premere delicatamente fino a coprire tutta la marmellata con uno strato della miscela. Rimettere la torta nel forno e cuocere per altri 5 minuti fino a quando i corn flakes non saranno dorati e tostati. Lasciar raffreddare

fino a quando non è appena caldo prima di
affettare e servire con crema pasticcera.

14.Pane alla banana senza glutine

ingredienti

- ❖ 5 banane piccole mature (4 schiacciate, 1 tagliata al centro per decorare la parte superiore)

- ❖ 150 g di farina autolievitante senza glutine

- ❖ 100 g di avena senza glutine

- ❖ 50 g di mandorle tritate

- ❖ 1 cucchiaino di lievito per dolci senza glutine

- ❖ 1 cucchiaino di cannella

- ❖ 90 g di zucchero di canna scuro

- ❖ 90 g di zucchero semolato

- ❖ 100 g di burro, sciolto

- ❖ 2 uova grandi, sbattute

- ❖ 1 cucchiaio di zucchero a velo

PASSI

1. Riscaldare il forno a 180 ° C / 160 ° C ventola / gas 4 e foderare una teglia da 900 g con

carta da forno (la nostra teglia era 19 x 9 x 6 cm). Mettere tutti gli ingredienti, tranne la banana a fette, 1 cucchiaio di zucchero semolato e lo zucchero a velo, in una grande ciotola e mescolare fino a che liscio e combinato.

2. Versare nella teglia e mettere le due metà di banana rimanenti tagliate verso l'alto sulla parte superiore della pastella, premendo leggermente verso il basso. Cospargere con lo zucchero semolato. Infornare per 1 ora-1 ora e 15 minuti fino a quando uno spiedino non sarà pulito, coprendo con un foglio verso la fine della cottura se diventa troppo dorato.

3. Spolverate di zucchero a velo e lasciate raffreddare.

15.Cocco E pesce al curry di cavolo riccio

ingredienti

- ❖ 1 cucchiaio di olio di colza

- ❖ 1 cipolla, affettata

- ❖ zenzero grande quanto un pollice, tagliato a fiammiferi

- ❖ 1 cucchiaino di curcuma

- ❖ 3-4 cucchiai di pasta di curry dolce (Keralan funziona bene)

- ❖ 150 g di pomodorini, tagliati a metà

- ❖ 150 g di cavolo riccio, tritato

- ❖ 1 peperoncino rosso, tagliato a metà

- ❖ 325 ml di latte di cocco a basso contenuto di grassi

- ❖ 300 ml di brodo a basso contenuto di sale

- ❖ 250 g di riso integrale

- ❖ 100 g di gamberoni surgelati

- ❖ 2 filetti di merluzzo, tagliati a pezzi

- ❖ 2 lime, spremute

❖ $\frac{1}{2}$ mazzetto di coriandolo tritato

❖ una manciata di fiocchi di cocco tostati (facoltativo)

PASSI

1. Scaldare l'olio in una casseruola. Cuocere la cipolla con un pizzico di sale per 10 minuti finché non inizia a caramellare. Mescolare lo zenzero, la curcuma e la pasta di curry e cuocere per 2 minuti.

2. Aggiungere i pomodori, il cavolo nero e il peperoncino e versare il latte di cocco e il brodo. Cuocere a fuoco lento per 10-15 minuti o fino a quando i pomodori iniziano ad ammorbidirsi. Raccogli il peperoncino e scartalo.

3. Cuocere il riso seguendo le istruzioni della confezione. Mescolare delicatamente i gamberi e il merluzzo nel curry, quindi cuocere per altri 3-5 minuti. Spremi il lime e mescola metà del coriandolo. Per servire, spargere sopra il coriandolo rimasto e le scaglie di cocco, se lo si desidera. Servire con il riso.

16 Crostata brownie al cioccolato e arancia

ingredienti

- ❖ Confezione da 320g di pasta frolla già pronta

- ❖ 120 g di cioccolato fondente, tritato

- ❖ 120 g di burro, a cubetti

- ❖ 2 uova

- ❖ 80 g di zucchero semolato dorato

- ❖ 80 g di zucchero di canna chiaro

- ❖ 80 g di farina 00

- ❖ 1 arancia, scorza e spremuta più altra scorza da servire

- ❖ crème fraiche per servire

PASSI

1. Riscaldare il forno a 180 ° C / ventilato 160 ° C / gas 4. Srotolare la sfoglia di pasta frolla e usarla per foderare una tortiera da 20 cm. Premere sui lati dello stampo e tagliare leggermente i bordi, lasciando un po 'a sbalzo. Foderare la pasta con un pezzo di carta da forno arrotolata e riempire con riso crudo o fagioli. Cuocere per 15 minuti, rimuovere la carta e infornare per altri 5-10 minuti fino a quando non si asciuga.

2. Mentre la pasta cuoce, mettere il burro e il cioccolato in una ciotola resistente al calore adagiata su una padella di acqua appena bollente e far sciogliere insieme, mescolando spesso. Una volta sciolto, togliere dal fuoco e lasciar raffreddare leggermente. Aggiungi un pizzico di sale se il burro non è salato.

3. Sbattere brevemente le uova e gli zuccheri in una ciotola fino a quando non saranno ben amalgamati, quindi incorporare il cioccolato fuso e il burro. Setacciare la farina e incorporare fino a quando non sarà ben amalgamata. Incorporare il succo d'arancia e

la scorza.

4. Taglia i bordi della crostata con un coltello seghettato per ammorbidire e versa la miscela di brownie al centro. Lisciare con il dorso di un cucchiaio o di una spatola e infornare per altri 30-35 minuti finché la parte superiore non forma una crosta e il ripieno non è più umido ma leggermente traballante.

5. Lasciar raffreddare per 15 minuti prima di togliere dallo stampo se servito caldo, oppure servire a temperatura ambiente. Servire con una cucchiaiata di crème fraiche e altra scorza d'arancia grattugiata. Si conserva per 3 giorni in un contenitore ermetico.

17 Burro di arachidi pollo al curry

ingredienti

- ❖ 1 pollo grande, snodato o pezzi di pollo con osso da 1,5 kg

- ❖ 6 spicchi d'aglio, 2 tritati finemente, 4 rimasti interi

- ❖ 3 gambi di citronella, sbattuti e tritati grossolanamente

- ❖ pezzo di zenzero grande quanto un pollice, sbucciato e tritato finemente

- ❖ 1 cucchiaio di cumino macinato

- ❖ 1 cucchiaio di coriandolo macinato

- ❖ 1 cucchiaio di curcuma macinata

- ❖ 2 lime, spremute

- ❖ 2 peperoncini rossi, 1 tritato grossolanamente e 1 affettato per servire (facoltativo)

- ❖ 1 cipolla piccola, tritata grossolanamente

- ❖ 2 cucchiai di olio vegetale

- ❖ 100 g di burro di arachidi liscio

- ❖ 4 cucchiai di kecap Manis o 3 cucchiai di salsa

di soia mescolata con 1 cucchiaio di zucchero di canna chiaro

- ❖ 400 g di latte di cocco

Per servire

- ❖ qualche cipollotto tritato

- ❖ piccola manciata di coriandolo, tritato

- ❖ piccola manciata di arachidi tostate, tritate grossolanamente (facoltativo)

PASSI

1. Mettere il pollo, l'aglio tritato, un terzo della citronella e metà dello zenzero, le spezie e il succo di lime in una ciotola capiente. Mescolare, quindi coprire e lasciare agire per 30 minuti o raffreddare per un massimo di 24 ore. Sbatti l'aglio intero, il resto della citronella e dello zenzero, le spezie rimanenti, il peperoncino tritato, la cipolla e una grande spruzzata d'acqua in un robot da cucina. Mettere da parte.

2. Scaldare l'olio in una padella e rosolare il pollo dappertutto. Mettere da parte su un piatto. Cuocere la pasta per 8-10 minuti finché non si dividerà. Mescolare il burro di arachidi e kecap Manis. Quando si sarà addensato, aggiungere il latte di cocco e mezza lattina d'acqua, portare a ebollizione, condire, quindi aggiungere il pollo con il suo sugo. Continua a cuocere a fuoco lento per 40 minuti, mescolando spesso. Spegnete il fuoco, aggiungete il resto del succo di lime e condite. Lasciar riposare per 10 minuti. Cospargere il peperoncino affettato, i cipollotti, il coriandolo fresco e le arachidi per

servire.

18.Facile torta di banoffee

ingredienti

❖ 225 g di biscotti digestivi

❖ 150 g di burro, sciolto

❖ 397 g di caramello o 400 g di dulce de leche

❖ 3 banane piccole, affettate

❖ 300 ml di panna liquida

❖ 1 cucchiaio di zucchero a velo

❖ 1 quadrato di cioccolato fondente (opzionale)

PASSI

1. Schiaccia i biscotti digestivi, a mano con un cucchiaio di legno o in un robot da cucina, fino a ottenere delle briciole fini, versali in una ciotola. Mescolare i biscotti schiacciati con il burro fuso fino a quando non sono completamente combinati. Versare il composto in una tortiera scanalata a fondo sciolto da 23 cm e coprire la teglia, compresi i lati, con il biscotto in uno strato uniforme. Spingere verso il basso con il dorso di un cucchiaio per

levigare la superficie e lasciare raffreddare per 1 ora o durante la notte.

2. Sbatti il caramello per scioglierlo e versalo sul fondo della base di biscotti. Distribuiscilo uniformemente usando il dorso di un cucchiaio o di una spatola. Spingere delicatamente la banana tritata nella parte superiore del caramello fino a coprire la base. Mettete in frigo.

3. Montare la panna con lo zucchero a velo fino a ottenere un composto ondoso e denso. Togli la torta dal frigo e versa la panna montata sopra le banane. Grattugiate il cioccolato fondente sulla panna, se vi piace, e servite.

19. Patate in camicia al curry di ceci vegani

ingredienti

- ❖ 4 patate dolci

- ❖ 1 cucchiaio di olio di cocco

- ❖ 1 ½ cucchiaino di semi di cumino

- ❖ 1 cipolla grande, tagliata a dadini

- ❖ 2 spicchi d'aglio, schiacciati

- ❖ zenzero grande quanto un pollice, finemente grattugiato

- ❖ 1 peperoncino verde, tritato finemente

- ❖ 1 cucchiaino di garam masala

- ❖ 1 cucchiaino di coriandolo macinato

- ❖ ½ cucchiaino di curcuma

- ❖ 2 cucchiai di pasta di tikka masala

- ❖ 2 lattine da 400 g di pomodori a pezzetti

- ❖ 2 barattoli da 400 g di ceci, scolati

- ❖ spicchi di limone e foglie di coriandolo, per servire

PASSI

1. Riscaldare il forno a 200 ° C / 180 ° C ventola / gas 6. Bucherellare le patate dolci con una forchetta, quindi metterle su una teglia e arrostire in forno per 45 minuti o finché sono teneri quando vengono forate con un coltello.

2. Nel frattempo, sciogliere l'olio di cocco in una grande casseruola a fuoco medio. Aggiungere i semi di cumino e friggere per 1 minuto fino a quando non sono fragranti, quindi aggiungere la cipolla e soffriggere per 7-10 minuti fino a quando non si ammorbidisce.

3. Mettere l'aglio, lo zenzero e il peperoncino verde nella padella e cuocere per 2-3 minuti. Aggiungere le spezie e la pasta di tikka masala e cuocere per altri 2 minuti fino a quando non diventa fragrante, quindi aggiungere i pomodori. Portare a ebollizione, quindi aggiungere i ceci e cuocere per altri 20 minuti fino a quando non si saranno addensati. Stagione.

4. Mettere le patate dolci arrosto su quattro piatti e tagliarle nel senso della lunghezza.

Versare sopra il curry di ceci e spremere gli spicchi di limone. Condire, quindi cospargere di coriandolo prima di servire.

20. Tartufi di cioccolato vegani

ingredienti

- ❖ 200 g di cioccolato fondente senza latticini, tritato finemente

- ❖ 100 ml di latte vegetale (abbiamo usato l'avena)

- ❖ 1 cucchiaio di zucchero semolato

- ❖ 1 cucchiaino di estratto di vaniglia

- ❖ 2 cucchiai di cacao in polvere

PASSI

1. Metti il cioccolato in una ciotola resistente al calore. Versare il latte, lo zucchero e la vaniglia in una piccola casseruola, quindi portare a ebollizione a fuoco medio, mescolando di tanto in tanto.

2. Versare il composto di latte caldo sul cioccolato, lasciare riposare per 1 minuto, quindi mescolare fino a quando il cioccolato si sarà sciolto e il composto sarà liscio. Coprire e raffreddare per 4 ore fino a quando non si

solidifica.

3. Arrotolare i cucchiaini della miscela in palline con le mani, quindi trasferirle su una piccola teglia o un piatto - potresti indossare i guanti. Dovresti avere circa 20 palline.

4. Mettere il cacao in polvere su un piatto basso e arrotolare i tartufi freddi fino a quando non saranno ben ricoperti, eliminando l'eccesso, se necessario. Rilassati finché non sei pronto per il regalo. Si conserva in frigo fino a quattro giorni.

21. POLLO tikka masala

ingredienti

- ❖ 8 cosce di pollo con osso
- ❖ 1 lime, spremuto

Per la marinata

- ❖ 2 pezzi grandi di zenzero
- ❖ 10 spicchi d'aglio sbucciati
- ❖ 400 ml di yogurt greco
- ❖ un pizzico di peperoncino in polvere
- ❖ 1 cucchiaino di coriandolo macinato
- ❖ 1 cucchiaino di cumino macinato
- ❖ 1 cucchiaino di garam masala
- ❖ 1 cucchiaino di curcuma
- ❖ 1 peperoncino verde piccolo
- ❖ colorante alimentare rosso (opzionale)

Per la salsa

- ❖ 3 cucchiai di burro o burro chiarificato
- ❖ 1 cipolla grande, tritata finemente

- ❖ $1\frac{1}{2}$ cucchiaino di semi di cumino

- ❖ $1\frac{1}{2}$ cucchiaino di semi di senape

- ❖ $\frac{1}{2}$ cucchiaino di fieno greco in polvere

- ❖ $\frac{1}{2}$ cucchiaino di paprika in polvere

- ❖ 4 baccelli di cardamomo, leggermente schiacciati

- ❖ 1 pezzo grosso di cannella

- ❖ 1 cucchiaio di passata di pomodoro

- ❖ 50 g di mandorle tritate

- ❖ un pizzico di zucchero di canna morbido

- ❖ 1 cucchiaio di aceto di malto

- ❖ 680ml di passata

- ❖ 100 ml di panna fresca o doppia panna

- ❖ foglie di coriandolo fresco, mandorle in scaglie, garam masala e sale affumicato (facoltativo), per servire

PASSI

1. Rimuovere la pelle dal pollo e tagliare ogni coscia due o tre volte. Mettere in una ciotola o in un contenitore di plastica e condire con il succo di lime e $\frac{1}{2}$ cucchiaino di sale. Metti da parte mentre fai la marinata.

2. In un piccolo robot da cucina, sbatti lo zenzero e l'aglio per fare una pasta, aggiungendo una spruzzata d'acqua se necessario. Mettere da parte metà della pasta per la salsa. Versare gli ingredienti rimanenti della marinata nel robot da cucina, quindi frullare fino a ottenere una pasta liscia. Versare la pasta sul pollo e marinare per almeno 4 ore (durante la notte o 24 ore è ancora meglio).

3. Per preparare la salsa, scalda 2 cucchiai di burro chiarificato o burro in una padella larga e bassa con un coperchio. Cuocere le cipolle per 15 minuti a fuoco medio fino a quando iniziano a dorarsi. Aggiungere le spezie, l'aglio e la pasta di zenzero rimanenti e cuocere per 2 minuti. Incorporare la passata di pomodoro, le mandorle tritate, un pizzico di zucchero e l'aceto. Cuocere per circa 1 min. Versare la

passata, quindi riempire a metà il barattolo o il cartone con acqua e aggiungere anche questa. Portare a fuoco lento, quindi cuocere per 2-3 ore fino a ottenere una salsa rossa densa. Può essere conservato in frigorifero fino a 48 ore durante la marinatura del pollo.

4. Imposta la griglia al massimo. Sollevare il pollo dalla marinata, rimuovendo l'eccesso nel piatto e riservare per la salsa. Disporre il pollo su una grande teglia da forno con il lato tagliato verso l'alto. Mettere sotto la griglia per 10-15 minuti finché non si sarà carbonizzato e inizierà ad annerirsi. Sfornare la teglia e mettere da parte con il sugo di cottura. Riscaldare la salsa, aggiungendo la marinata riservata, quindi versare il pollo e gli eventuali succhi di padella con la panna o panna nella salsa al curry. Cuocere per 40 minuti fino a quando il pollo è completamente tenero. Alla fine, mescola il burro o il burro chiarificato rimanenti.

5. Lasciare riposare il curry per qualche minuto, quindi condire con il garam masala e il sale affumicato, se utilizzato. Cospargere con coriandolo e mandorle in scaglie, quindi servire con pane naan e riso, se vi piace.

22.Pizza con sugo fatto in casa

ingredienti

- ❖ 300 g di farina di pane bianco forte, più una quantità per spolverare

- ❖ 1 cucchiaino di lievito istantaneo

- ❖ 1 cucchiaio di olio d'oliva

- ❖ Per la salsa di pomodoro

- ❖ 1 cucchiaio di olio d'oliva, più un filo

- ❖ 2 spicchi d'aglio, schiacciati

- ❖ 200ml di passata

Per la farcitura

- ❖ 8 perle di mozzarella, tagliate a metà

- ❖ mazzetto di basilico fresco

PASSI

1. Versare la farina in una ciotola, quindi incorporare il lievito e 1 cucchiaino di sale. Fai un buco al centro e versa 200 ml di acqua tiepida (assicurati che non sia troppo calda) insieme all'olio. Mescolate con un cucchiaio di legno fino ad ottenere un impasto morbido e abbastanza umido.

2. Versare l'impasto su una superficie leggermente infarinata e impastare per 5 minuti fino a che liscio. Coprite con uno strofinaccio e mettete da parte per circa un'ora o finché l'impasto non si sarà gonfiato e sarà raddoppiato. Puoi anche lasciare l'impasto ruvido e non impastato nella ciotola, coprire con uno strofinaccio e lasciare in frigorifero per una notte e l'impasto continuerà a lievitare da solo.

3. Nel frattempo, prepara la salsa di pomodoro. Mettete l'olio in un pentolino e fate soffriggere brevemente l'aglio (non fatelo rosolare), poi aggiungete la passata e fate sobbollire il tutto finché il sugo non si addensa un po '. Lasciar raffreddare.

4. Una volta lievitato l'impasto, lavoratelo velocemente nella ciotola per respingerlo, quindi versatelo su una superficie leggermente infarinata e tagliate in due palline. Stendi ogni pallina in una grande lacrima molto sottile e larga circa 25 cm (le forme a goccia si adattano alle teglie più facilmente dei tondi).

5. Riscaldare il forno a 240 ° C / 220 ° C ventola / gas 9 con una grande teglia all'interno. Sollevare una delle basi su un'altra teglia infarinata. Stendere la salsa sulla base con il dorso di un cucchiaio, spargere sopra metà della mozzarella, irrorare con olio d'oliva e condire. Mettere la pizza, ancora sulla sua teglia, sopra la teglia calda nel forno e cuocere per 8-10 minuti fino a quando diventa croccante.

23 Frittelle di mais dolce con uova e salsa di fagioli neri

ingredienti

Per le frittelle e le uova

- ❖ 1 cucchiaino di olio di colza

- ❖ 1 cipolla rossa piccola (85 g), tritata finemente

- ❖ 1 peperone rosso, privato dei semi e tagliato a dadini

- ❖ 100 g farina integrale autolievitante

- ❖ 1 cucchiaino di paprika affumicata

- ❖ 1 cucchiaino di coriandolo macinato

- ❖ 1 cucchiaino di lievito in polvere

- ❖ Lattina di mais da 325 g, sgocciolata

- ❖ 6 uova grandi

- ❖ Per la salsa

- ❖ 1 cipolla rossa piccola (85 g), tritata finemente

- ❖ 4 pomodori (320 g), tritati

- ❖ 2 lattine da 400 g di fagioli neri, scolati

- ❖ 1 lime, la scorza e il succo

❖ ½ confezione da 30 g di coriandolo tritato

PASSI

1. Riscaldare il forno a 200 ° C / 180 ° C ventola / gas 6 e rivestire una grande teglia con carta da forno.

2. Scaldare l'olio in una piccola padella e soffriggere la cipolla e il pepe per 5 minuti fino a quando non si saranno ammorbiditi. Nel frattempo, mescolare la farina, le spezie e il lievito in una ciotola. Aggiungere le cipolle, il pepe, il mais e 2 uova, quindi mescolare bene.

3. Versare otto mucchietti di composto sulla teglia, ben distanziati, quindi appiattirli leggermente con il dorso del cucchiaio. Cuocere per 20 minuti fino a quando non si solidificano e diventano dorati.

4. Nel frattempo, mescola gli ingredienti della salsa e fai cuocere 2 delle uova rimanenti a tuo piacimento. Se stai seguendo il nostro Piano di Dieta Sana, servi quattro frittelle il giorno in cui le prepari, condite con metà della salsa e le uova in camicia. Raffredda le restanti frittelle per un altro giorno. Riscaldali in una padella o nel microonde e servi con altre 2 uova in

camicia e la salsa rimanente.

24.Torta al cioccolato senza farina

ingredienti

- ❖ 225 g di burro salato, tagliato a cubetti, più altro per lo stampo

- ❖ 300 g di cioccolato fondente, tritato grossolanamente

- ❖ 1 cucchiaio di caffè in polvere

- ❖ 6 uova grandi, albumi e tuorli separati

- ❖ 100 g di zucchero di canna chiaro morbido

- ❖ 200 g di zucchero semolato

- ❖ 2 cucchiaini di pasta alla vaniglia

- ❖ 30 g di cacao in polvere

- ❖ frutti di bosco, per servire (facoltativo)

PASSI

1. Riscaldare il forno a 160 ° C / 140 ° C ventola / gas 3. Imburrare uno stampo a cerniera da 23 cm e foderare la base con carta da forno.

2. Sciogliere il burro e il cioccolato in una ciotola

resistente al calore nel microonde o sopra una padella di acqua bollente. Mescolare la polvere di caffè con 2 cucchiai di acqua calda fino a quando non si scioglie. Incorporate il caffè al cioccolato e mettete da parte per far raffreddare leggermente.

3. Montare gli albumi in una ciotola grande per 2 minuti con una frusta elettrica fino a quando non si formano picchi morbidi. In un'altra grande ciotola, sbatti entrambi gli zuccheri, la vaniglia e i tuorli d'uovo per 5-8 minuti o fino a quando non diventano chiari e spumosi. Setacciare il cacao in polvere nella miscela di tuorlo d'uovo e mescolare delicatamente per unire.

4. Mescolare il cioccolato raffreddato nella miscela di tuorlo d'uovo, quindi incorporare delicatamente gli albumi fino a ottenere un composto omogeneo. Trasferire nella teglia e infornare per 1 ora-1 ora e 20 minuti, o fino a quando uno spiedino inserito al centro della torta risulta pulito. Lasciar raffreddare, togliere dalla teglia e servire con frutti di bosco freschi, se ti piace.

25 hamburger vegano

ingredienti

- ❖ 1 scalogno o ½ cipolla tritati

- ❖ 1 stecca di sedano, o ¼ di peperone rosso, tritato

- ❖ una manciata di foglie di prezzemolo

- ❖ 400g barattolo di ceci, scolati e lasciati asciugare un po '

- ❖ 1-2 cucchiaini di garam masala

- ❖ 1 cucchiaio di passata di pomodoro

- ❖ 2 cucchiai di farina 00

- ❖ 1 cucchiaio di polenta, cuscus o pangrattato secco

- ❖ Olio per friggere

- ❖ panini per hamburger o pane pitta, lattuga, pomodoro e salse per servire

PASSI

1. Montare lo scalogno, il sedano, il prezzemolo e

la maggior parte dei ceci fino a ottenere una pasta grossolana. Non esagerare, vuoi una consistenza leggermente più ruvida dell'hummus. Schiacciare i restanti ceci e incorporarli alla pasta con il garam masala, la passata di pomodoro, la farina e la polenta. Condisci bene.

2. Forma la miscela in quattro polpette. Lasciateli riposare per almeno 30 minuti, se volete potete lasciarli tutta la notte in frigorifero. La polenta ha bisogno di tempo per assorbire l'eventuale liquido in eccesso.

3. Scaldare un filo d'olio in una padella antiaderente e cuocere le polpette finché non saranno dorate e croccanti su ogni lato. Cerca di non maneggiarli troppo perché saranno abbastanza morbidi quando saranno caldi. Scivola nei panini o nella pitta con gli accompagnamenti che desideri.

26.Palline di pasta all'aglio ripiene di formaggio con salsa di pomodoro

ingredienti

- ❖ 50 g di burro, a cubetti

- ❖ 300 g di farina di pane bianco forte

- ❖ Bustina da 7 g di lievito secco ad azione rapida

- ❖ 1 cucchiaio di zucchero semolato

- ❖ 200 g di mozzarella in blocco, tagliata a cubetti di 1,5 cm

- ❖ 65 g di groviera, grattugiato grossolanamente (facoltativo)

- ❖ Per il burro all'aglio

- ❖ 100 g di burro

- ❖ 2 spicchi d'aglio, schiacciati

- ❖ 1 rametto di rosmarino, foglie raccolte e tritate finemente

- ❖ Per la salsa di pomodoro

- ❖ 1 cucchiaio di olio d'oliva, più quello per la ciotola e la teglia

- ❖ 1 spicchio d'aglio, affettato

- ❖ 250 g di passata

- ❖ 1 cucchiaino di aceto di vino rosso

- ❖ 1 cucchiaino di zucchero semolato

- ❖ pizzico di peperoncino a scaglie

- ❖ ½ mazzetto di basilico, spezzettato, più una porzione per servire

PASSI

1. Scaldare 175 ml di acqua in una casseruola fino a quando diventa fumante, quindi aggiungere il burro. Togliete dal fuoco e lasciate raffreddare fino a quando il composto è appena caldo (non dovrebbe essere caldo). Unisci la farina, il lievito, lo zucchero e 1 cucchiaino di sale in una ciotola capiente o in una planetaria. Aggiungere la miscela di burro raffreddata e mescolare fino a ottenere un impasto morbido utilizzando un cucchiaio di legno o il mixer. Impastare a mano per 10 minuti (o 5 minuti usando un mixer) fino a quando l'impasto non diventa elastico e liscio. Trasferire in una ciotola unta d'olio e coprire con uno strofinaccio pulito. Lasciare lievitare in un luogo caldo per $1\frac{1}{2}$-2 ore o fino a quando non sarà raddoppiato. In alternativa, lasciare lievitare in frigo per una notte.

2. Ungere e rivestire una teglia con carta da forno. Fai uscire l'aria dall'impasto, quindi impasta di nuovo per diversi minuti. Appiattite un piccolo pezzo di pasta (circa 20 g) in un disco e mettete al centro un cubetto di

mozzarella e un pizzico di groviera. Racchiudere i formaggi con l'impasto, quindi formare una palla. Trasferire nella teglia preparata. Ripetere con il formaggio e l'impasto rimanenti, mettendo le palline di pasta a $\frac{1}{2}$ cm di distanza l'una dall'altra sulla teglia - dovrebbero toccarsi appena dopo la lievitazione. Coprite con uno strofinaccio pulito e lasciate lievitare in un luogo caldo per 30 minuti.

3. Nel frattempo, prepara il burro all'aglio. Sciogliere il burro in un pentolino a fuoco basso, quindi incorporare l'aglio e il rosmarino. Togliere dal fuoco e mettere da parte fino al momento del bisogno. Riscaldare il forno a 180 ° C / 160 ° C ventola / gas 4. Spennellare le palline di pasta lievitate con il burro all'aglio, quindi infornare per 25-30 minuti fino a quando le palline di pasta sono cotte e le parti centrali trasudano.

4. Mentre le palline di pasta stanno cuocendo, fare la salsa di pomodoro. Scaldare l'olio in una casseruola e soffriggere l'aglio per 30 secondi. Aggiungere la passata, l'aceto, lo zucchero e i fiocchi di peperoncino e cuocere

a fuoco lento per 10 minuti finché non si saranno addensati. Condire a piacere e incorporare il basilico. Spennellare le palline di pasta calda con il burro all'aglio rimasto, quindi servire con la salsa di pomodoro intinta a lato per inzuppare.

27 Cocktail di uragano

ingredienti

- ❖ 50 ml di rum scuro
- ❖ 50 ml di rum bianco
- ❖ 1 frutto della passione
- ❖ 1 arancia, spremuta
- ❖ 1 limone, spremuto
- ❖ 50 ml di sciroppo di zucchero
- ❖ 2 cucchiaini di granatina
- ❖ Per guarnire
- ❖ 4 ciliegie da cocktail
- ❖ 2 fette d'arancia

PASSI

1. Riempi uno shaker con ghiaccio e aggiungi i rum. Raccogli la polpa ei semi del frutto della passione e aggiungili nello shaker insieme ai succhi di arancia e limone, lo sciroppo di zucchero e la granatina.

2. Agita bene finché l'esterno dello shaker non diventa ghiacciato. Riempi due bicchieri Hurricane con ghiaccio fresco, quindi filtra due volte la bevanda nei bicchieri preparati.

3. Guarnite ciascuno con una fetta d'arancia infilzata su uno stecchino e un paio di ciliegie da cocktail.

28.Classic coleslaw

ingredienti

- ❖ 6 carote, sbucciate

- ❖ 1 cavolo cappuccio bianco piccolo

- ❖ grande pizzico, zucchero semolato dorato

- ❖ 3 cucchiai di aceto di sidro

- ❖ 1 cucchiaio di senape (quella che hai)

- ❖ 200 g di maionese

- ❖ 1 mela rossa, tagliata a bastoncini (opzionale)

- ❖ 100 g di formaggio cheddar, grattugiato (facoltativo)

PASSI

1. Grattugiare grossolanamente la carota e sminuzzare finemente il cavolo (usa un robot da cucina con una lama per grattugiare / affettare o farlo a mano) e versarlo in una ciotola. Aggiustate di sale, poi aggiungete lo zucchero e l'aceto e mescolate il tutto. Lasciare agire per 20 minuti in modo che le

verdure siano sottaceto molto leggermente.

2. Mescola la senape e la maionese e aggiungi gli altri pezzetti che desideri, quindi servi. Può essere preparato un giorno prima e refrigerato.

29 Cheesecake all'arcobaleno

ingredienti

- ❖ 170 g di burro

- ❖ 140 g di crema di biscotti Oreo (o simili) rimossa

- ❖ 140 g di biscotti digestivi, schiacciati in briciole fini

Per il ripieno

- ❖ 600 g di formaggio morbido intero (abbiamo usato Philadelphia)

- ❖ 170 g di zucchero semolato dorato

- ❖ 2 cucchiai di farina 00

- ❖ 1 $\frac{1}{2}$ cucchiaino di estratto di vaniglia

- ❖ 2 uova grandi

- ❖ 200 g di panna acida

- ❖ coloranti alimentari in gel »

Per la farcitura

- ❖ doppia panna montata per decorare (opzionale)

PASSI

1. Riscaldare il forno a 180 ° C / 160 ° C ventola / gas 4. Foderare la base di uno stampo a cerniera da 20 cm mettendo un pezzo quadrato di carta da forno o un foglio sopra la base di stagno e quindi agganciare il lato in modo che la carta o la pellicola rimangano intrappolate e l'eventuale eccesso sporge dal fondo.

2. Per la crosta, sciogliere 85 g di burro in una padella media. Incorporare le briciole di biscotti più scure in modo che il composto sia uniformemente umido. Premere il composto sul fondo della padella. Sciogliere il burro rimanente e incorporare le briciole digestive come prima. Fai uno strato sopra il primo, schiaccia bene tutto e inforna per 10 minuti. Raffreddare mentre si prepara il ripieno.

3. Aumentare la temperatura del forno a ventola 220C / 200C ventola / gas 7. Montare il formaggio a pasta molle con lo zucchero semolato, la farina 00, un pizzico di sale e l'estratto di vaniglia. Incorporare le uova e la panna acida, ma non sbattere troppo. La pastella dovrebbe essere liscia e molto densa.

Dividi la pastella in parti uguali tra 6 ciotole e colora ciascuna usando viola, blu, verde, giallo, arancione e rosso.

4. Spennellate i lati della teglia con burro fuso e mettetela su una teglia. Versare il ripieno, iniziando dal rosso e poi dall'arancio, dal giallo, ecc. L'impasto dovrebbe essere abbastanza denso da poter essere cucchiaio e distribuire accuratamente ogni strato uno sopra l'altro. Infornate per 10 minuti.

5. Ridurre la temperatura del forno a 110 ° C / 90 ° C ventola / gas $\frac{1}{4}$ e cuocere per altri 35-40 minuti. Se agitate delicatamente la teglia, il ripieno dovrebbe avere una leggerissima oscillazione al centro, se sembra liquido cuocete ancora un po 'e ricontrollate. Spegnere il forno e raffreddare con la porta leggermente socchiusa. Raffredda la cheesecake finché non la vuoi servire. Decorare appena prima di servire.

6. Per servire montare la panna fino a quando non sarà abbastanza densa da convogliarla. Aggiungere la panna e le gocce di pipa o le rosette sopra la cheesecake. Per le rosette

arcobaleno, usando un pennello fai delle strisce arcobaleno di colorante alimentare all'interno di una sac à poche munita di un beccuccio prima di versare la crema a cucchiaio.

30) Torta al lime con chiave di livello successivo

ingredienti

Per la pasticceria

- ❖ 200 g di farina 00, più quella per spolverare
- ❖ 50 g di mandorle tritate
- ❖ 1 cucchiaino di zenzero macinato
- ❖ 75 g di zucchero a velo
- ❖ 125 g di burro freddo, tagliato a dadini
- ❖ 2 tuorli d'uovo
- ❖ Per il ripieno
- ❖ 2 lattine da 397 g di latte condensato
- ❖ 6 tuorli d'uovo
- ❖ 2 cucchiai di zucchero a velo
- ❖ 9 lime, spremute (circa 300 ml), 6 scorze, più 1 tagliata finemente, per servire
- ❖ 2 limoni, spremuti

Per la crema

- ❖ 200 ml di panna liquida

- ❖ 50 g di zucchero di canna chiaro

- ❖ $\frac{1}{4}$ di cucchiaino di estratto di vaniglia

- ❖ 100 ml di panna acida

PASSI

1. Per fare la pasta, versare la farina, le mandorle, lo zenzero, lo zucchero e il burro in un robot da cucina e frullare fino a quando il composto non assomiglia al pangrattato, quindi aggiungere i tuorli e frullare fino a quando la pasta non si unisce. Rovesciare su una superficie di lavoro e impastare fino a formare una palla. Stendetela su una superficie leggermente infarinata fino a ottenere le dimensioni giuste per rivestire una tortiera profonda 25 cm con una leggera sporgenza. Se la pasta si incrina, usa le guarnizioni per rattoppare. Raffredda la crostata in frigo per almeno 30 minuti o, se c'è spazio, nel congelatore.

2. Riscaldare il forno a 180 ° C / 160 ° C ventola / gas 4. Con una forchetta montare la base della crostata, quindi foderare con carta stagnola e riempire con fagioli, riso o fagioli secchi. Cuocere per 10 minuti, quindi sfornare, scartare la pellicola e cuocere per altri 20 minuti fino a quando il biscotto non diventa marrone.

3. Mentre la torta cuoce, prepara il ripieno. Montare il latte condensato con i tuorli, lo zucchero a velo e la scorza di lime, quindi versare gradualmente il succo fino a completo amalgama. Quando la torta è pronta, togliete dal forno e abbassate la temperatura a 160 ° C / 140 ° C ventola / gas 3. Tagliate via la pasta sporgente, versate il ripieno e infornate per 25-30 minuti fino a quando non si sarà solidificato con un leggero tremolio. Lasciar raffreddare completamente nella teglia e lasciare raffreddare per almeno 1 ora. Rimarrà freddo per un massimo di due giorni.

4. Per servire, fare la copertura sbattendo la panna doppia con lo zucchero di canna chiaro, la vaniglia e un pizzico di sale marino fino a quando non mantiene la sua forma, quindi passare la panna acida fino a completa amalgama. Liberare la crostata dalla sua tortiera e versare con un cucchiaio la crema sopra la crostata. Terminate con una spolverata di scorza di lime spolverata, quindi servite a fette.

31.Pizza senza glutine

ingredienti

Per la base senza glutine

- ❖ 400 g di farina per pane senza glutine

- ❖ 2 cucchiaini colmi di zucchero semolato dorato

- ❖ 2 cucchiaini di lievito per dolci senza glutine

- ❖ 1 cucchiaino di sale fino

- ❖ 1 cucchiaino colmo di gomma xantana

- ❖ 5 cucchiai di olio d'oliva

Per la salsa e il condimento

- ❖ 2 cucchiai di olio d'oliva

- ❖ 1 cipolla piccola, tritata finemente

- ❖ 1 barattolo da 400 g di pomodori a pezzetti

- ❖ 2 cucchiai di passata di pomodoro

- ❖ 1 cucchiaino di zucchero semolato

- ❖ $\frac{1}{2}$ mazzetto di basilico, foglie sminuzzate

- ❖ 2 x 125 g di mozzarella di bufala

PASSI

1. Riscalda il forno a 220 ° C / 200 ventola / gas 7 e metti due teglie all'interno.

2. Preparare la salsa: scaldare l'olio in un pentolino e cuocere la cipolla con una generosa presa di sale per 10 minuti a fuoco lento fino a quando non si sarà ammorbidita. Aggiungere la polpa di pomodoro, la purea e lo zucchero e portare a ebollizione dolce. Cuocere, scoperto, per 25-30 minuti o fino a quando non si sarà ridotto e denso, mescolando regolarmente. Frullare la salsa con un frullatore a immersione fino a che liscio. Condire a piacere e mescolare con il basilico. Lasciar raffreddare un po '.

3. Prepara l'impasto: mescola la farina, lo zucchero, il lievito, il sale e la gomma xantana in una grande ciotola. Fare una fontana al centro e versare 250 ml di acqua tiepida e l'olio d'oliva. Unire rapidamente con le mani, per creare una consistenza densa, umida e pastosa, aggiungendo altri 20 ml di acqua tiepida se l'impasto si sente un po 'asciutto. Conservare in frigorifero in un contenitore ermetico o in una ciotola coperta per un

massimo di 24 ore prima dell'uso. Infarinare leggermente altre due teglie. Dividere l'impasto in due e appiattirlo con le dita in rotoli di 20 - 25 cm sulle sfoglie.

4. Finire le basi con uno strato sottile di salsa e la mozzarella sminuzzata. Posizionare le teglie sopra le teglie calde nel forno e cuocere per 8-10 minuti o finché non diventano croccanti attorno ai bordi.

32 Cheesecake al cioccolato senza cottura

ingredienti

- ❖ 130 g di burro, sciolto, più l'extra per la latta

- ❖ Biscotti digestivi al cioccolato da 300g

- ❖ 150 g di cioccolato al latte

- ❖ 150 g di cioccolato fondente

- ❖ 250 g di mascarpone

- ❖ 300 g di crema di formaggio (non utilizzare una varietà a basso contenuto di grassi)

- ❖ 50 g di zucchero a velo

- ❖ 25 g di latte al malto in polvere (abbiamo usato gli Horlicks)

- ❖ 25 g di cioccolata calda in polvere

- ❖ 1 cucchiaino di estratto di vaniglia

- ❖ 300 ml di panna liquida

- ❖ 150 g di Malteser (100 g tritati, 50 g interi), più una manciata per decorare

- ❖ Bottoni di cioccolato da 100 g, tritati grossolanamente

PASSI

1. Imburrare e rivestire uno stampo a cerniera da 23 cm. Sbattete i biscotti in un robot da cucina fino a formare delle briciole fini, quindi aggiungete il burro e frullate di nuovo. Versare il composto di biscotti nella teglia e premere con decisione con il dorso di un cucchiaio. Raffredda in frigo mentre prepari il ripieno.

2. In ciotole separate, sciogliere il latte e il cioccolato fondente su pentole di acqua bollente. In alternativa, sciogliere nel microonde a raffiche di 30 secondi, mescolando tra ogni intervallo fino a quando non si scioglie. Mettere da parte a raffreddare.

3. Usa una frusta a mano per mescolare il mascarpone, la crema di formaggio, lo zucchero a velo, la bevanda al latte maltato in polvere, la cioccolata calda in polvere e l'estratto di vaniglia fino a che liscio. In una ciotola a parte, sbattere la panna, quindi incorporarla al composto di mascarpone. Aggiungi metà del composto a ciascuna delle ciotole di cioccolato, mescolando fino a quando

non è ben combinato. Mescolare metà dei Malteser tritati, i Malteser interi e i bottoni nella miscela di cioccolato al latte; mescolare il resto alla miscela di cioccolato fondente.

4. Versare la miscela di cioccolato fondente sulla base di biscotti. Completare con la miscela di cioccolato al latte e lisciare la superficie. Rilassati durante la notte. Decorare con Maltesers prima di servire.

33.Mamponi in una pentola e curry di lenticchie

ingredienti

- ❖ 100 g di lenticchie rosse essiccate

- ❖ 3 cucchiai di olio di girasole

- ❖ 1 cipolla grande, tritata finemente

- ❖ 6 spicchi d'aglio, tritati o grattugiati

- ❖ pezzo di zenzero grande quanto un pollice, sbucciato e tritato o grattugiato

- ❖ $\frac{1}{4}$ di cucchiaino di curcuma macinata

- ❖ $\frac{1}{4}$ di cucchiaino di peperoncino in polvere (abbiamo usato il peperoncino del Kashmir in polvere)

- ❖ 1 cucchiaio di semi di cumino

- ❖ 1 cucchiaio di coriandolo macinato

- ❖ 1 cucchiaio di passata di pomodoro

- ❖ 1 cucchiaino di pasta di tamarindo o succo di limone (facoltativo)

- ❖ 400 g di pomodori a pezzetti o passata

- ❖ 1 dado da brodo di pollo o verdura

- ❖ 1 cucchiaio di garam marsala

- ❖ 200 g di gamberi crudi o cotti (abbiamo usato gamberoni tigre)

- ❖ peperoncini verdi, coriandolo e cipolle rosse sottaceto (vedi consigli), per servire

PASSI

1. Sciacquare le lenticchie un paio di volte, quindi versarle in una ciotola, coprire con acqua fredda e lasciarle in ammollo. Nel frattempo, scaldare 2 cucchiai di olio in una casseruola bassa o in una padella e cuocere la cipolla con un pizzico di sale per 10 minuti fino a quando non inizia a dorarsi. Aggiungere l'aglio, lo zenzero, la curcuma, il peperoncino in polvere, i semi di cumino e il coriandolo macinato e cuocere per 3 minuti fino a ottenere un composto appiccicoso. Incorporare la passata di pomodoro e il tamarindo, se utilizzati, seguiti dalla polpa di pomodoro. Cuocere a fuoco lento per 8-10 minuti fino ad ottenere una pasta densa.

2. Risciacquare di nuovo le lenticchie ammollate finché l'acqua non sarà pulita, quindi scolarle. Mescolare le lenticchie nella base di pomodoro, quindi versarle in 1 litro di acqua (usane un po 'per svuotare il barattolo di pomodoro) e il dado da brodo. Portare a ebollizione, quindi ridurre la fiamma a fuoco lento, coprire e cuocere, mescolando di tanto in tanto, per 50

minuti-1 ora fino a quando le lenticchie sono morbide e hanno iniziato a cuocere nella salsa. Mescola il garam masala. Ora può essere lasciato raffreddare completamente, quindi raffreddato per un massimo di tre giorni o congelato per un massimo di sei mesi (vedi sotto).

3. Per cuocere i gamberi, riscaldare la salsa congelata raffreddata o scongelata in una casseruola fino a quando non bolle (vedi sotto), quindi versare i gamberi e cuocere per 5 minuti. Aggiustate di sale a piacere, poi irrorate con il resto dell'olio e mescolate brevemente. Affetta i peperoncini verdi e cospargili con qualche foglia di coriandolo, poi spargi le cipolle sottaceto (vedi ricetta sotto) per servire.

34.Kombucha

ingredienti

- ❖ 2 bustine di tè verde biologico (o 2 cucchiaini di foglie sciolte)

- ❖ 2 bustine di tè nero biologico (o 2 cucchiaini di foglie sciolte)

- ❖ 100-200 g di zucchero semolato, quanto basta

- ❖ 1 misurino medio, più 100-200 ml di liquido di avviamento

PASSI

1. Per informazioni essenziali sulla produzione di birra in sicurezza, i nostri migliori consigli sulle ricette e sapori divertenti da provare, leggi la nostra guida su come preparare il kombucha. Versare 1,8 litri di acqua bollita in una casseruola, aggiungere le bustine di tè e lo zucchero (a seconda di quanto è dolce o dell'amarezza del tè), mescolare per sciogliere lo zucchero e lasciare in infusione per 6-10 minuti.

2. Rimuovere e scartare le bustine di tè senza strizzarle. Lasciare raffreddare completamente il tè prima di versarlo in un grande barattolo di vetro da 2,5 a 3 litri. Aggiungere lo scoby e il suo liquido di avviamento, lasciando uno spazio minimo di 5 cm nella parte superiore del barattolo.

3. Copri il barattolo con un panno o carta da cucina in modo che lo scoby possa "respirare". Fissare con un elastico ed etichettare il barattolo con la data e il suo contenuto.

4. Lasciare fermentare per una o due settimane

a temperatura ambiente e lontano da termosifoni, forno o luce solare diretta. Non mettere il barattolo in un armadio, poiché la circolazione dell'aria è importante.

5. Dopo la prima settimana, assaggia il kombucha ogni giorno: più a lungo lo lasci, più acido diventerà il sapore. Quando è pronto, versare il kombucha nelle bottiglie, assicurandosi di riservare lo scoby e 100-200 ml di liquido di avviamento per il lotto successivo.

6. Il kombucha è pronto da bere immediatamente, oppure puoi iniziare una "fermentazione secondaria" aggiungendo aromi come frutta, erbe e spezie al liquido estratto e lasciandolo imbottigliato per qualche giorno in più prima di berlo. Si conserva in frigo fino a tre mesi.

7. Kombucha limone e zenzero

8. Aggiungere la scorza e il succo di 1 limone e 1-2 cucchiaini di zenzero grattugiato a 750 ml di kombucha e mescolare bene. Versare in una bottiglia flip-top e sigillare. Lasciare a temperatura ambiente da due a quattro giorni, degustando quotidianamente, fino a quando

non avrà raggiunto il livello di carbonatazione e sapore desiderato. Filtrare e raffreddare per servire.

9. Berry kombucha

10. Aggiungere una manciata di fragole tritate, mirtilli o lamponi schiacciati a 750 ml di kombucha e mescolare bene. Versare in una bottiglia flip-top e sigillare. Lasciare a temperatura ambiente da due a quattro giorni, degustando quotidianamente, fino a quando non avrà raggiunto il livello di carbonatazione e sapore desiderato. Filtrare e raffreddare per servire.

35 Biscotti senza uova

ingredienti

- ❖ 125 g di burro, ammorbidito

- ❖ 125 g di zucchero semolato

- ❖ 1 cucchiaino di essenza o estratto di vaniglia

- ❖ 200 g di farina autolievitante, più una quantità per spolverare

- ❖ 1 cucchiaino di lievito in polvere

- ❖ 50 g di gocce di cioccolato al latte o bianco

- ❖ 2 cucchiai di cacao in polvere (facoltativo)

PASSI

1. Riscaldare il forno a 180 ° C / 160 ° C ventola / gas 4. Unire il burro e lo zucchero con un cucchiaio di legno o una frusta elettrica in una grande ciotola fino a renderli chiari, spumosi e dorati.

2. Incorporare la vaniglia, la farina, il lievito e le gocce di cioccolato. Aggiungi 1 cucchiaio di acqua per unire il composto se necessario, e il

cacao in polvere per farli biscotti al cioccolato, se ti piace. Riunisci l'impasto in una palla con le mani.

3. Cospargere un po 'di farina sul piano di lavoro e sull'impasto. Stendere la pasta fino a 3 mm di spessore e, utilizzando degli stampini per biscotti, ritagliarli e adagiarli su teglie foderate, distanziandoli bene l'uno dall'altro.

4. Cuocere per circa 12 minuti o fino a doratura. Se si cuoce su due teglie, scambiare le teglie a metà cottura. Lasciare sulle teglie per 5 minuti, quindi trasferire su una gratella a raffreddare. Si conserva in una scatola ermetica per tre-quattro giorni.

36 Gamberi di Goan, patate e cocco al curry

ingredienti

- ❖ 125 g di olio di cocco
- ❖ 2 cipolle, tritate
- ❖ 5 peperoncini rossi secchi (lo Scotch bonnet funziona bene)
- ❖ zenzero grande quanto un pollice, grattugiato
- ❖ 4 spicchi d'aglio grattugiati
- ❖ 6 foglie di curry essiccate
- ❖ ½ cucchiaino di semi di senape
- ❖ 30 g di passata di pomodoro
- ❖ ½ cucchiaino di peperoncino piccante in polvere
- ❖ ½ cucchiaino di curcuma
- ❖ 2 lattine da 400 g di latte di cocco
- ❖ 300 g di cavolfiore (1/2 piccolo), spezzettato in piccoli fiori
- ❖ 1 patata grande, sbucciata e tagliata a pezzi di 2 cm
- ❖ 600 g di gamberi sgusciati crudi

Per servire

- ❖ 1 mazzetto di cipollotti, tritati finemente

- ❖ 1 mazzetto di coriandolo, tritato

- ❖ 100 g di arachidi salate, tritate

- ❖ spicchi di lime, per servire

PASSI

1. Scaldare l'olio di cocco in una casseruola o wok a fuoco medio e aggiungere le cipolle, i peperoncini secchi, lo zenzero, l'aglio, la foglia di curry e i semi di senape, soffriggere per 12-15 minuti fino a quando la cipolla è morbida, quindi incorporare la passata di pomodoro, peperoncino e curcuma e continuare a cuocere per altri 1-2 minuti. Versare il latte di cocco e 200 ml di acqua, cuocere a fuoco lento la salsa per 20 minuti, quindi frullare in un frullatore o con un frullatore a immersione fino a che liscio.

2. Versare nuovamente la salsa nella casseruola e portare a ebollizione. Incorporare il cavolfiore e la patata, coprire e cuocere a fuoco lento per 15 minuti. Aggiungere i gamberi e cuocere in camicia per 2 minuti o finché non diventano rosa. Se si congela, raffreddare e congelare, quindi scongelare e riscaldare quando sei pronto per mangiare. Per servire, spargere i cipollotti, il coriandolo e le arachidi sul curry e spremere sopra un po 'di succo di lime.

37 Cheesecake al budino di Natale

ingredienti

Per la base

- ❖ 200 g di biscotti allo zenzero, schiacciati

- ❖ 30 g di zucchero muscovado leggero

- ❖ 1 cucchiaino di sale marino in fiocchi

- ❖ 110 g di burro non salato, sciolto

Per il ripieno

- ❖ 240 g di budino natalizio

- ❖ 30 ml di brandy

- ❖ Birra da 30 ml

- ❖ 1 arancia, la scorza grattugiata

- ❖ 2 vaschette da 280 g di formaggio spalmabile intero

- ❖ Pentola da 300 ml di panna doppia

- ❖ 200 g di zucchero muscovado leggero

- ❖ 2 baccelli di vaniglia, spaccati e semi raschiati

- ❖ Decorare

- ❖ 2 clementine

- ❖ zucchero muscovado leggero, per spolverare

PASSI

1. Per fare la base, mescolare gli zenzero e lo zucchero in una ciotola capiente e cospargere di sale a scaglie. Versare il burro fuso e mescolare con un cucchiaio di legno fino a formare un composto simile a una mollica di biscotti. Premere in uno stampo a cerniera tondo da 20 cm, distribuendo il composto in uno strato uniforme fino agli angoli. Lasciar raffreddare in frigorifero per 30 minuti finché non si solidifica.

2. Metti il pudding natalizio, il brandy, la birra scura e la scorza d'arancia in un frullatore e frulla fino a ottenere una purea.

3. Con una frusta elettrica a mano, sbattere la crema di formaggio con la panna doppia, lo zucchero ei semi di vaniglia, quindi incorporare la purea. Distribuire il composto sulla base di biscotti e lasciar raffreddare in frigorifero per una notte.

4. Il giorno successivo sbucciate le clementine, tagliatele a rondelle e mettetele su una teglia. Cospargetele di zucchero, quindi fiamma

ossidrica fino a caramellare e lasciate raffreddare. Liberare la cheesecake dallo stampo e disporre sopra le clementine. Si conserva per tre giorni in frigo.

38. Cuocere le frittelle di ricotta e spinaci

ingredienti

- ❖ 1 cucchiaio di olio d'oliva, più un filo
- ❖ 3 spicchi d'aglio, schiacciati
- ❖ 400 g di pomodori tritati
- ❖ Busta da 200 g di spinaci baby
- ❖ 250 g di ricotta in vasca
- ❖ grattugiare di noce moscata
- ❖ 4 frittelle o crêpes grandi (vedi ricetta sotto)
- ❖ 225 g di mozzarella a palla, scolata e tagliata a pezzetti
- ❖ 50 g di parmigiano o alternativa vegetariana, grattugiata

PASSI

1. Scaldate l'olio in una padella, aggiungete 2 spicchi d'aglio e fate sfrigolare per qualche secondo, quindi versate i pomodori. Condire e far bollire per 10-15 minuti fino a quando non si riduce a una salsa densa. Metti gli spinaci nel

microonde per 2 minuti per farli appassire, o versandoli in uno scolapasta e versandoli su un bollitore pieno di acqua calda. Quando è abbastanza freddo da poter essere maneggiato, spremi quanto più liquido possibile, quindi trita grossolanamente.

2. Riscaldare il forno a 220 ° C / 200 ° C ventola / gas 7. Mescolare la ricotta, gli spinaci, una generosa grattugiata di noce moscata, il restante aglio schiacciato e un po 'di sale e pepe. Distribuire la salsa di pomodoro sulla base di una pirofila poco profonda di circa 20 cm x 30 cm. Dividete il composto di spinaci tra le frittelle, distribuendolo su metà della superficie. Piega ogni pancake a metà, poi di nuovo a metà per formare un triangolo. Adagiare le frittelle sopra la salsa, cospargere con la mozzarella e il parmigiano. Condire con un filo d'olio e infornare per 15-20 minuti fino a quando bolle.

39.Torte piccanti con purè di patate dolci

ingredienti

Per il mosto

- ❖ 1 kg di patate dolci, sbucciate e tagliate a pezzi grandi

- ❖ 2 cucchiai di latte

- ❖ 50 g di formaggio cheddar maturo, finemente grattugiato

- ❖ Per il trito

- ❖ 1 cucchiaio di olio di colza

- ❖ 2 cipolle, tagliate a metà e affettate

- ❖ 500 g di carne macinata di manzo magra (5% di grassi)

- ❖ 1 cucchiaio di paprika affumicata, più una quantità per spolverare

- ❖ 1 cucchiaio di cumino macinato

- ❖ 1 cucchiaio di coriandolo macinato

- ❖ 1 cucchiaio di peperoncino in polvere delicato

- ❖ 1 cucchiaio di brodo vegetale in polvere

- ❖ 400 g di fagioli dagli occhi neri

- ❖ 400 g di pomodori tritati

- ❖ 1 peperone verde grande, tagliato a dadini

- ❖ Lattina da 326 g di mais dolce in acqua

- ❖ broccoli o insalata, per servire (facoltativo)

PASSI

1. Lessare la patata dolce per 15 minuti o finché sono teneri, facendo attenzione a non cuocere troppo.

2. Nel frattempo scaldate l'olio in una padella larga, profonda e antiaderente. Aggiungere le cipolle, coprire e cuocere per 8 minuti o finché non si ammorbidiscono e iniziano a colorarsi. Incorporare il trito, rompendolo con un cucchiaio di legno fino a doratura. Mescolare tutte le spezie e il brodo, quindi aggiungere i fagioli con il loro liquido, i pomodori e il pepe. Coprire e cuocere a fuoco lento per 20 minuti. Incorporare il mais con il suo liquido, condire e togliere dal fuoco.

3. Mentre il trito cuoce, schiacciare le patate con il latte per ottenere un purè compatto. Versare il trito in sei piatti da torta individuali, guarnire ciascuno con un po 'di purea, quindi cospargere con il formaggio e un po' di paprika.

4. Le torte possono ora essere congelate. Se si mangia subito, mettere sotto una griglia calda

fino a quando non sarà ben caldo e il formaggio si sarà sciolto. Per cuocere da congelato, scongelare completamente, quindi riscaldare in forno su una teglia a 180 ° C / 160 ° C ventola / gas 4 per 30-40 minuti o fino a quando non è ben caldo. Servire con i broccoli o un'insalata, se ti piace, che ti porterà a tutte e 5 le tue 5 giornate.

40. Zuppa di lenticchie alla bolognese

ingredienti

- ❖ 2 cucchiai di olio di colza

- ❖ 3 cipolle, tritate finemente

- ❖ 3 carote grandi, tagliate a dadini

- ❖ 3 coste di sedano, tagliate a dadini fini

- ❖ 4 spicchi d'aglio, tritati finemente

- ❖ 500 g di passata di cartone

- ❖ 1 cucchiaio di brodo vegetale in polvere

- ❖ 125 g di lenticchie rosse

- ❖ 1 cucchiaino di paprika affumicata

- ❖ 4 rametti di timo fresco

- ❖ Penne integrali da 125 g

- ❖ 50 g di formaggio a pasta dura all'italiana finemente grattugiato

PASSI

1. Scaldare l'olio in una padella antiaderente capiente quindi soffriggere le cipolle per qualche minuto finché non iniziano a

raffreddarsi. Aggiungere le carote, il sedano e l'aglio, quindi soffriggere per altri 5 minuti, mescolando spesso, finché le verdure non iniziano ad ammorbidirsi.

2. Versare la passata, il brodo in polvere e le lenticchie con 2l di acqua bollente. Aggiungere la paprika affumicata, il timo e abbondante pepe nero quindi portare a ebollizione, coprire la padella e cuocere a fuoco lento per 20 min.

3. Versare le penne poi cuocere per altri 12-15 minuti fino a quando la pasta e le lenticchie sono tenere, aggiungendo un po 'più di acqua se necessario. Mescola il formaggio, quindi versa metà della zuppa in ciotole o in una fiaschetta a collo largo se la prendi come pranzo al sacco. Raffreddare la rimanente zuppa (eliminare i rametti di timo) e conservare in frigorifero fino al momento del bisogno. Si manterrà bene per diversi giorni. Riscaldare in una padella, aggiungendo un po 'd'acqua in più se la zuppa si è addensata.

41 Crostata doppio formaggio e verdure primaverili

ingredienti

- ❖ 500 g di pasta frolla in blocco

- ❖ farina 00, per spolverare

- ❖ 25 g di formaggio cheddar maturo, finemente grattugiato

- ❖ 200 g di lance di asparagi, tagliate le estremità legnose

- ❖ 100 g di piselli freschi con il baccello o surgelati

- ❖ 2 uova

- ❖ 100 g di crème fraîche

- ❖ 150 g di panna liquida

- ❖ noce moscata intera, da grattugiare

- ❖ 100 g di crescione

- ❖ 300 go 2 pezzi di formaggio di capra morbido e senza cotenna

PASSI

1. Stendete la pasta in un rettangolo su un piano di lavoro leggermente spolverato di farina. Cospargere il formaggio, piegare la pasta a metà e stenderla nuovamente formando un cerchio che si adatti a una tortiera da 25 cm con una sporgenza. Lasciar raffreddare per 20 minuti. Nel frattempo cuocere gli asparagi in acqua bollente per 3 minuti, quindi scolarli e rinfrescarli sotto l'acqua fredda. Cuocere i piselli freschi allo stesso modo per un minuto o semplicemente scongelare i piselli surgelati.

2. Scaldate il forno a 200 ° C / 180 ° C ventola / gas 6. Bucherellate bene la base della crostata con una forchetta, foderatela con carta da forno e riempitela con i fagioli. Cuocere la crostata per 30 minuti, rimuovere la pergamena e i fagioli, bucherellare nuovamente se si è gonfiata, quindi infornare per altri 10-15 minuti fino a quando il biscotto non diventa marrone.

3. Nel frattempo sbattere le uova in una terrina, aggiungere la panna e la panna, condire e aggiungere un pizzico di noce moscata

grattugiata fresca. Cospargere la torta con i piselli e la maggior parte del crescione e sbriciolare oltre metà del formaggio di capra. Versare sopra il composto cremoso di uova, quindi adagiarvi sopra le lance di asparagi. Infine, affettare il restante formaggio di capra e disporlo sopra, quindi infornare per 25-30 minuti fino a quando la crema pasticcera non si è appena solidificata e il formaggio è dorato. Lasciar raffreddare nella teglia, rifilare i bordi della sfoglia, quindi toglierla dallo stampo, spolverare con il crescione rimasto e servire tagliato a fettine. Può essere preparato fino a un giorno prima, lasciare fuori il frigorifero per mantenere la pasta croccante.

42 Burro all'aglio

ingredienti

- ❖ 100 g di burro, ammorbidito

- ❖ 1 spicchio d'aglio, schiacciato

- ❖ 2 cucchiaini di prezzemolo tritato finemente (facoltativo)

PASSI

1. Mescolare il burro, l'aglio e il prezzemolo, se usati, insieme in una piccola ciotola. Condire con un po 'di sale (solo se si utilizza burro non salato) e pepe nero. Se il burro è troppo freddo per mescolare, riscaldare gli ingredienti in una piccola padella fino a quando non si saranno sciolti e combinati, quindi lasciar raffreddare. Si conserva fino a una settimana in frigo.

43 Ciotole per il pranzo bulgur e quinoa

ingredienti

Per la base di bulgur

- ❖ 1 cipolla grande, tritata molto finemente

- ❖ 150 g di bulgur e quinoa (questo è già miscelato)

- ❖ 2 rametti di timo

- ❖ 2 cucchiaini di brodo vegetale in polvere

Per la guarnizione di avocado

- ❖ 1 avocado, tagliato a metà, denocciolato e tritato

- ❖ 2 pomodori, tagliati a spicchi

- ❖ 4 cucchiai di basilico tritato

- ❖ 6 olive Kalamata, tagliate a metà

- ❖ 2 cucchiaini di olio extravergine di oliva

- ❖ 2 cucchiaini di aceto di sidro

- ❖ 2 grosse manciate di rucola

Per la guarnizione alla barbabietola

- ❖ 210 g di ceci, sgocciolati

- ❖ 160 g di barbabietola cotta, a dadini

- ❖ 2 pomodori, tagliati a spicchi

- ❖ 2 cucchiai di menta tritata

- ❖ 1 cucchiaino di semi di cumino

- ❖ qualche pizzico di cannella in polvere

- ❖ 2 cucchiaini di olio extravergine di oliva

- ❖ 2 cucchiaini di aceto di sidro

- ❖ 1 arancia, tagliata a spicchi

- ❖ 2 cucchiai di pinoli tostati

PASSI

2. Versare la cipolla e il mix di bulgur in una padella, versare oltre 600 ml di acqua e incorporare il timo e il brodo. Cuocere, coperto, a fuoco lento per 15 min., Quindi lasciar riposare per 10 min. Tutto il liquido dovrebbe ora essere assorbito. Quando è freddo, rimuovere il timo e dividere il bulgur in quattro ciotole o contenitori di plastica.

3. Per la guarnizione di avocado, mescola tutti gli ingredienti tranne la rucola. Impilare su due

porzioni di bulgur e guarnire con la rucola.

4. Per la guarnizione alla barbabietola, ammucchiate prima i ceci, poi condite la barbabietola con il pomodoro, la menta, il cumino, un bel pizzico di cannella, l'olio e l'aceto. Mescolare bene, aggiungere l'arancia, quindi ammucchiare sulle restanti porzioni di bulghur, spolverare con i pinoli e spolverare con altra cannella. Lascia raffreddare in frigo fino al momento del bisogno.

44.Veggie okonomiyaki

ingredienti

- ❖ 3 uova grandi

- ❖ 50 g di farina 00

- ❖ 50 ml di latte

- ❖ 4 cipollotti, mondati e affettati

- ❖ 1 pak choi, a fette

- ❖ 200 g di verza, sminuzzata

- ❖ 1 peperoncino rosso, privato dei semi e tritato finemente, più un extra per servire

- ❖ $\frac{1}{2}$ cucchiaio di salsa di soia a basso contenuto di sale

- ❖ $\frac{1}{2}$ cucchiaio di olio di colza

- ❖ 1 cucchiaio colmo di maionese a basso contenuto di grassi

- ❖ $\frac{1}{2}$ lime, spremuto

- ❖ zenzero per sushi, per servire (facoltativo)

- ❖ wasabi, per servire (facoltativo)

PASSI

1. Sbatti insieme le uova, la farina e il latte fino a che liscio. Aggiungere metà dei cipollotti, il pak choi, il cavolo cappuccio, il peperoncino e la salsa di soia. Scaldare l'olio in una padella piccola e versarvi la pastella. Cuocere, coperto, a fuoco medio per 7-8 minuti. Capovolgere l'okonomiyaki in una seconda padella, quindi rimetterlo sul fuoco e cuocere per altri 7-8 minuti fino a quando uno spiedino inserito al suo interno non risulta pulito.

2. Mescola la maionese e il succo di lime in una piccola ciotola. Trasferisci l'okonomiyaki in un piatto, quindi condisci con la maionese al lime e aggiungi il peperoncino e il cipollotto extra e lo zenzero per sushi, se lo usi. Servire con il wasabi a parte, se ti piace.

45.Rich Ragù

ingredienti

- ❖ 1 cucchiaio di olio d'oliva

- ❖ 1 cipolla, tagliata a metà e tritata finemente

- ❖ 1 costa di sedano, tritata finemente

- ❖ 1 carota grande, finemente tagliata a dadini

- ❖ Bistecca di manzo tritata in confezione da 600 g

- ❖ 3 cucchiai di passata di pomodoro

- ❖ 2 spicchi d'aglio, finemente grattugiati

- ❖ 2 cucchiaini di foglie di timo fresco

- ❖ 150 ml di vino rosso (o usa del brodo di manzo extra)

- ❖ 500 ml di brodo di manzo

- ❖ 400 g di spaghetti

- ❖ 50 g di parmigiano grattugiato, più un extra per servire (facoltativo)

- ❖ insalata di contorno, per servire

PASSI

1. Scaldare l'olio in una padella larga e aggiungere la cipolla, il sedano e la carota. Friggere a fuoco medio per 10 minuti, mescolando di tanto in tanto, finché non si ammorbidisce e inizia a colorare.

2. Mescolare il trito e cuocere, rompendo eventuali grumi di carne con un cucchiaio di legno, fino a doratura.

3. Aggiungere la passata di pomodoro, l'aglio e il timo e cuocere per altri 1-2 minuti. Versare il vino, se lo si utilizza, e aumentare la fiamma per far evaporare la maggior parte dell'alcool. Abbassate la fiamma, incorporate il brodo e condite. Coprite con un coperchio ben aderente e lasciate cuocere dolcemente per 1 ora-1 ora e 15 minuti finché la carne è tenera e la salsa si è addensata.

4. Togliere il coperchio e continuare la cottura per 15 minuti. Nel frattempo cuocere la pasta seguendo le istruzioni della confezione. Riservare un boccale dell'acqua di cottura, quindi scolare gli spaghetti e unirli al ragù con

il parmigiano. Mescolare bene e aggiungere un po 'd'acqua per la pasta per aiutare il sugo a ricoprire gli spaghetti. Servire con un contorno di insalata e formaggio extra, se ti piace.

46 Torta di pollo al curry cremosa

ingredienti

Per il ripieno

- ❖ 1 $\frac{1}{2}$ kg di pollo intero

- ❖ 2 cipolle, 1 tagliata in quarti, 1 tritata

- ❖ 2 carote, 1 tagliata in 3-4 pezzi, 1 tritata finemente

- ❖ 2 fette spesse di zenzero

- ❖ 2 spicchi d'aglio, schiacciati

- ❖ mazzetto di prezzemolo o coriandolo, foglie raccolte e tritate, gambi lasciati interi

- ❖ 50 g di burro

- ❖ olio vegetale o olio di colza, per friggere

- ❖ 50 g di farina

- ❖ 2-3 cucchiai di pasta di curry delicata, come korma o tikka

- ❖ $\frac{1}{2}$ cucchiaino di curcuma macinata

- ❖ 1 dado da brodo di pollo

- ❖ 150 ml di panna liquida

Per la guarnizione del filo

❖ 6 fogli di pasta filo

❖ Un po 'di burro fuso o olio

❖ Per servire

❖ Broccoli a gambo tenero, se ti piace

PASSI

1. Mettere il pollo, la cipolla tagliata in quattro, i pezzi di carota, lo zenzero, l'aglio e i gambi delle erbe in una pentola capiente. Coprire completamente il pollo con acqua, portare a ebollizione, quindi abbassare la fiamma, coprire e cuocere dolcemente per 1 ora. Girare il pollo a metà cottura e, se necessario, rabboccare l'acqua. Dopo 1 ora il pollo dovrebbe essere tenero: prova a staccare una gamba dal petto con delle pinze. Se c'è molta resistenza, continua a cuocere controllando ogni 10 minuti circa. Rimuovere con cautela il pollo dal liquido di cottura e lasciar raffreddare su un piatto per circa 10 minuti.

2. Tagliare la carne di pollo e scartare il grasso e le ossa. Filtra il liquido di cottura (questo è il tuo brodo) e getta le cipolle, le carote e gli altri pezzi (o tienili per fare la zuppa). Misura 500 ml di brodo.

3. Sciogli il burro in una padella (usa la padella se è vuota, non serve lavarla). Aggiungere un filo d'olio e la cipolla e la carota tritate. Cuocere fino a quando la verdura è morbida, per circa

8-10 minuti. Incorporare la farina, la pasta di curry e la curcuma, quindi sbriciolare nel dado da brodo. Mentre mescoli, gli ingredienti si ammasseranno. Continuate la cottura per un minuto circa, quindi aggiungete un mestolo del liquido di cottura del pollo. Mescolare bene fino a che liscio, quindi aggiungere un altro mestolo. Continuate fino a quando tutto il brodo sarà esaurito e avrete una salsa liscia.

4. Mescolare il pollo, la panna e le erbe aromatiche tritate nella salsa, quindi condire bene e togliere dal fuoco. Se in questa fase si congelano porzioni, trasferirle in un contenitore o in un sacchetto sigillabile, raffreddare e congelare per un massimo di due mesi. Scongelare bene in frigorifero prima di riscaldare in padella o nel microonde. Vedere i suggerimenti di seguito per i suggerimenti di servizio.

5. Riscaldare il forno a 180 ° C / 160 ° C ventola / gas 4. Trasferire il pollo cremoso al curry su una tortiera di circa 25 x 5 cm. Spennellare 6 sfoglie di pasta filo con un po 'di burro fuso o olio e stropicciare le sfoglie sopra la torta, coprendo il ripieno. Cuocere la torta per circa

45-50 minuti, fino a quando la parte superiore è croccante e il pollo al curry è bollente e bollente. Servire con i broccoli Tenderstem, se ti piace.

47 Gelatine di vodka al limone

ingredienti

- ❖ 3 limoni grandi

- ❖ 1 cucchiaio di zucchero semolato

- ❖ 2 fogli di gelatina

- ❖ 100 ml di vodka

- ❖ 50ml triple sec

PASSI

1. Tagliare i limoni a metà nel senso della lunghezza e rimuovere la polpa, riservando le metà scavate. Tritate la polpa in un frullatore, quindi passatela al setaccio in una ciotola. Gettare la polpa nel setaccio. Misurare 100 ml di succo (rabboccare con acqua se necessario), quindi versare in una padella con 50 ml di acqua e lo zucchero. Porta a ebollizione.

2. Nel frattempo mettere a bagno la gelatina in acqua fredda. Togli la miscela di succo dal fuoco. Strizzare l'acqua in eccesso dalla gelatina, quindi aggiungerla nella padella e

mescolare per far sciogliere. Versare la vodka e triple sec.

3. Mettere le metà del limone messe da parte, con il lato tagliato verso l'alto, nei fori di uno stampo per muffin e riempire fino in cima con la gelatina (versare gli avanzi nelle tazze). Lasciar riposare in frigo per una notte.

4. Tagliate ciascuna metà in due spicchi e servite ben freddo.

48. Tagliatelle di miso con uova fritte

ingredienti

- ❖ 2 nidi di spaghetti integrali (100g)

- ❖ 1 cucchiaio di olio di colza, più una goccia extra per friggere

- ❖ 30 g di zenzero, tagliato a fiammiferi

- ❖ 1 peperone verde, privato dei semi e tagliato a listarelle

- ❖ 2 porri (165 g), tagliati a fettine sottili

- ❖ 3 spicchi d'aglio grandi, finemente grattugiati

- ❖ 1 cucchiaino di paprika affumicata

- ❖ 1 cucchiaio di miso marrone

- ❖ 160 g di germogli di fagioli

- ❖ 100 g di piselli surgelati, scongelati

- ❖ 160 g di spinaci baby

- ❖ 2 uova grandi

- ❖ 1 peperoncino rosso, privato dei semi e tritato (facoltativo)

PASSI

1. Mettete le tagliatelle in una ciotola e coprite con acqua bollente. Mettere da parte per ammorbidire.

2. Nel frattempo, scaldare l'olio in un wok e soffriggere lo zenzero, il pepe e il porro per qualche minuto fino a quando non si saranno ammorbiditi. Aggiungere l'aglio e la paprika e cuocere ancora per 1 minuto. Scolare le tagliatelle, mettere da parte 2 cucchiai d'acqua e unirle al miso.

3. Aggiungere le tagliatelle scolate, il liquido di miso, i germogli di fagioli, i piselli e gli spinaci nel wok e mescolare a fuoco vivo finché gli spinaci non appassiscono. Mentre lo fai, friggi le uova in un filo d'olio a tuo piacimento. Impilare gli spaghetti sui piatti, guarnire con le uova e il peperoncino, se utilizzati, e servire.

49 Zuppa di noodle al pollo Satay con zucca

ingredienti

- ❖ ½ zucca piccola o zucca (circa 300 g), privata dei semi e affettata (non è necessario sbucciarla)

- ❖ 2 cucchiai di arachidi o olio vegetale

- ❖ 6 cosce di pollo senza pelle

- ❖ 3 spicchi d'aglio, schiacciati o 1 cucchiaio di purea d'aglio

- ❖ pezzo di zenzero grande quanto un pollice, schiacciato o 1 cucchiaio di purea di zenzero

- ❖ 1 dado da brodo di pollo o 1 cucchiaio di brodo liquido concentrato

- ❖ 2 lattine da 400 g di latte di cocco

- ❖ 3 peperoncini piccanti, 2 forati un paio di volte ma lasciati interi, 1 affettato finemente per servire (facoltativo)

- ❖ 3 cucchiai di salsa di soia leggera

- ❖ 3 cucchiai di burro di arachidi, liscio o croccante va bene

- ❖ 2 lime, più spicchi extra per servire

- ❖ 1 cucchiaio di zucchero di canna chiaro

- ❖ 1 cucchiaio di salsa di pesce

- ❖ 400 g di spaghetti di riso

- ❖ piccolo mazzo di cipollotti, tritati

- ❖ una manciata di foglie di coriandolo

- ❖ una manciata di germogli di fagioli

- ❖ 50 g di arachidi tostate e salate, tritate

- ❖ olio al peperoncino, per servire (facoltativo)

PASSI

1. Riscaldare il forno a 180 ° C / 160 ° C ventola / gas 4. Condire la zucca con 1 cucchiaio di olio e un po 'di condimento su una teglia, disporla in un unico strato e cuocerla per 35-40 minuti, o finché non si ammorbidisce e inizia a caramellare lungo i bordi. Nel frattempo, scaldare l'olio rimanente in una padella profonda o in una pirofila. Condisci il pollo, quindi cuocilo fino a doratura. Aggiungere l'aglio e lo zenzero, mescolando per un minuto o 2, quindi aggiungere il brodo, il latte di cocco, i peperoncini interi, la soia e 250 ml di acqua. Portare a fuoco lento, coprire con un coperchio e cuocere il pollo per 20 minuti.

2. Rimuovere il pollo, sminuzzare la carne con le forchette e tornare nella zuppa, scartando le ossa. Versare 2-3 cucchiai di zuppa in una ciotola con il burro di arachidi e mescolare fino a che liscio. Aggiungere alla zuppa con il succo di 1 lime, lo zucchero e la salsa di pesce. Controlla il condimento, aggiungendo più lime, zucchero, soia o salsa di pesce se lo desideri. Mantieni la zuppa calda mentre cucini le

tagliatelle seguendo le istruzioni della confezione.

3. Scolare le tagliatelle e aggiungerne una manciata a ciascuna ciotola. Versare sopra la zuppa e guarnire con la zucca, i cipollotti, il coriandolo, i germogli di fagioli, le arachidi, l'olio al peperoncino e il peperoncino a fette (se utilizzato). Servire con spicchi di lime extra.

50 Salsa di peperoni arrostiti davvero facile

ingredienti

- ❖ 4 peperoni rossi (o un mix di rosso, arancio e giallo), tagliati a pezzi

- ❖ 2 cipolle, tritate grossolanamente

- ❖ 2 spicchi d'aglio (con la pelle rimasta)

- ❖ 2 cucchiai di olio d'oliva

- ❖ 2 lattine da 400 g di pomodori pelati

- ❖ 2 cucchiaini di aceto di vino rosso

- ❖ 1 cucchiaino di zucchero di canna leggero e morbido

PASSI

1. Riscaldare il forno a 190 ° C / 170 ° C ventola / gas 5. Condire i peperoni e le cipolle con l'aglio e l'olio d'oliva e stenderli in una teglia. Cuocere per 40 minuti, quindi aggiungere i pomodori, l'aceto di vino rosso e lo zucchero e cuocere per altri 20 minuti. Versare in un robot da cucina e frullare fino a che liscio. Condire a piacere.

CONCLUSIONE

La dieta mediterranea non è una dieta unica, ma piuttosto un modello alimentare che prende ispirazione dalla dieta dei paesi dell'Europa meridionale. C'è un'enfasi su cibi vegetali, olio d'oliva, pesce, pollame, fagioli e cereali.